Anna Akhmatova

汪剑钊 著

没有主人公的叙事诗

阿赫玛托娃传

当代中国出版社
Contemporary China Publishing House

图书在版编目（CIP）数据

没有主人公的叙事诗：阿赫玛托娃传 / 汪剑钊著. -- 北京：当代中国出版社，2022.9
　　ISBN 978-7-5154-1178-1

Ⅰ. ①没… Ⅱ. ①汪… Ⅲ. ①阿赫玛托娃（Akhmatova, Anna 1889-1966）—传记 Ⅳ. ①K835.125.6

中国版本图书馆 CIP 数据核字（2022）第 065362 号

出 版 人	冀祥德
责任编辑	隋　丹
特约编辑	葛灿红
责任校对	贾云华
印刷监制	刘艳平
封面设计	马　帅　鲁　娟
出版发行	当代中国出版社
地　　址	北京市地安门西大街旌勇里 8 号
网　　址	http://www.ddzg.net　邮箱：ddzgcbs@sina.com
邮政编码	100009
编辑部	（010）66572264　66572154　66572132　66572180
市场部	（010）66572281　66572161　66572157　83221785
印　　刷	北京润田金辉印刷有限公司
开　　本	880 毫米 × 1230 毫米　1/32
印　　张	7.125 印张　1 插页　140 千字
版　　次	2022 年 9 月第 1 版
印　　次	2022 年 9 月第 1 次印刷
定　　价	56.00 元

版权所有，翻版必究；如有印装质量问题，请拨打（010）66572159 联系出版部调换。

深夜,我期待着她的光临,
生命,仿佛只在千钧一发间维系。
面对这位手持短笛的贵宾,
荣誉、青春和自由都不值一提。
呵,她来了。掀开面纱,
目不转睛地打量着我。
我问道:"是你,向但丁口授了
地狱的篇章?"她回答:"是我"。

——《缪斯》

序：第十位缪斯永在人间

古希腊哲学家柏拉图曾经声称："人们说缪斯女神是九位，这是多么粗心啊！要知道，还有萨福，来自莱斯博斯岛，那是第十位。"众所周知，在古希腊神话中，主神缪斯与记忆女神摩涅莫辛涅育有九个女儿，分别掌管着诗歌、音乐、舞蹈、戏剧、天文、数学等领域，她们居住在赫利孔神山上，山上有一口灵泉，相传，人们如饮用了其中的泉水，便会才思横溢。柏拉图借用这一传说，赞美了抒情诗人萨福，但他同时也说出了一个真相，那九位缪斯来自人们的想象，而最真实的，恰恰就是这第十位。此后，这第十位缪斯便以不同的化身出现在世界各国，她有时是阿拉伯的韩莎，有时是中国的李清照，有时是意大利的维多利亚·科隆娜，有时是德国的卡森喀·策茨，有时是美国的艾米莉·狄金森，有时是英国的伊丽莎白·巴莱特，有时则是俄罗斯的安娜·阿赫玛托娃……她们的诗风各不相同，但都有一个共同点，那就是永在人间，她们的生活和作品散发着真实的烟火气，以此完全区别于九位仙女的存在。

阿赫玛托娃既是平凡的、入世的，又是高贵、安静和伟大的，她为普通人的活着赢得了一份尊严。荣辱不惊的生活态度成就了她与时间对峙的傲骨。每当灾难来临的时候，她并不沮丧，也不会自怨自艾，而是以一种平静的心态来面对，表现出一种隐忍、克制，但绝不放弃的精神。这一点恰好与性格暴烈、天性浪漫的普希金成为鲜明的对照，也非常符合我们平时对日与月之间的认知，阿赫玛托娃配得上"俄罗斯诗歌的月亮"这一称号。饶有意思的是，除去这种性格上的差异，这样的比喻在色彩上也对应于他们各自的时代，普希金与他的同时代人开创了俄罗斯文化的"黄金时代"，被后世推为本民族文学的奠基者，阿赫玛托娃则与俄罗斯现代主义诗人们共同铸造了属于自己的"白银时代"，为俄罗斯诗歌赢得世界性声誉作出了杰出的贡献。仿佛是一种预言，阿赫玛托娃在《没有主人公的叙事诗》中曾经写下这样的句子：

> 白银的月亮凝立如冰，
> 灿烂地照耀白银的时代。

不可否认，作为一位出色的抒情诗人，阿赫玛托娃的创作具有很强的叙事性元素。它们的存在，增强了其作品的日常性、生动性、可感性。诗人的这种创作风格与她的生活和生活态度密切相关。大略考察一下她的生平，我们便可发现，在平易、琐碎的底色下,潜伏着某种将美丽、温柔、坚韧、顽强集为一体的个性。阿赫玛托娃一直努力做一个平凡的人。为了做一个好妻子,甘愿为日常生活而尝试放弃自己的诗歌天才;为了做一个好公民,放弃了爱情与舒适的物质生活,留在了祖国。凡此种种,需要她付出极大的毅力与耐心,有时甚至是牺牲。就阿赫玛托娃的一生而言,她堪称完美地实现了平庸的日常生活与崇高的诗歌世界的神秘转换。

与很多女诗人相似,阿赫玛托娃早期诗作的基本主题是苦恋、忧愁、背叛、愤怒、悲哀、绝望等。它们大多具有"室内抒情"的特点,抒情主人公往往被放置在一个狭小的空间里,传达内心与周围世界的秘密接触和碰撞。她的诗歌语言简洁、准确,善于用具体的细节来表达抽象的情感,在短短数行中描述一个戏剧性的场景。但阿赫玛托娃如果仅停留在此,那么,她至多只是一位优秀的抒情诗人。从20世纪30年代开始,阿赫玛托娃的创作标志着一个重要的转折,诗人此前写作中的精致、纤细、典雅,仿佛脱胎换骨似的融入了粗犷、坚韧、沉着、有力的主导性声调之中,使作品既保持了细部的可感性,又摆脱了早期写作的纤巧与单薄而呈现出肃穆、庄重的风格。

1946年,她的写作由早期恣意的抒情更多地转向了深刻的沉思,就篇幅而言,阿赫玛托娃的作品逐渐减少了以前那种灵感迸发式的单篇抒情诗的记录,开始将主要精力投入到大型建筑式的构建上了,从而由自发的写作走进了自觉的写作,其最直接的成果就是那些出色的组诗和长诗:《安魂曲》《北方哀歌》《野蔷薇开花》《子夜诗》《没有主人公的叙事诗》

等作品。

　　记得法国诗人波德莱尔写过一首题为《美神颂》的作品。他在诗中作出了惊世骇俗的追问和预言："美神啊，你来自天的深处，还是/地的深处？你的眼光，神圣而险恶，/毫无区分地把善和恶一同倾注，/难怪人们把你比作杯中之物。……美神啊，你巨大、可怖、纯真的魔怪！/只要你的明眸、你的纤足和笑颜，/为我开启我仰慕而未知的"无限"，——/你来自天堂或地狱，又有何关？"这是对古典时代美的概念的怀疑，人们在心目中保留着对美的和谐、纯粹、圆满的集体记忆。但是，进入现代社会以后，这样的记忆受到了商业、技术的严重冲击，美也由自身向外开始裂变。诗歌作为时代最灵敏的感应，其声音出现了变异，乌鸦的聒噪开始取代了一部分夜莺的啼啭。美神既可能来自天堂，也可能来自地狱，但最具体的则显身于"炼狱"般的人间。或许正是体认到这一使命，阿赫玛托娃在一首诗中如是描述缪斯来临的情景：

　　　　呵，她来了。掀开面纱，
　　　　目不转睛地打量着我。
　　　　我问道："是你，向但丁口授了
　　　　地狱的篇章？"她回答："是我"。

　　在我看来，这首诗与其说是在描述缪斯告诉了但丁写作《神曲·地狱篇》的秘密，倒不如说是阿赫玛托娃借着向但丁致敬之机昭示了"第十位缪斯"在人间的使命，由此宣布了现代诗人所承担的一份独特的光荣,"我不下地狱,谁下地狱?"在一定程度上,它甚至还揭示了俄罗斯诗歌所蕴含的整个精神奥秘。俄罗斯19世纪诗人巴拉廷斯基说过:"一个人被赋予才能,就意味着,不论怎样,他都要完成所承担的使命。"这意味着,诗人的创作自由是与责任联系在一起的。也就是说,写作并不是一种仅仅与自身有关的个人行为,在更大程度上,他(她)需要承担某种道义上的责任——通过自己的诗笔认真地思考本民族的命运、整个人类的前景。作为一位伟大的民族诗人,阿赫玛托娃自觉接受了但丁的遗训,以"抒情历史主义"的方式为生活在天空和大地之间的人们树立了一座巍峨、庄严的纪念碑。

在整个俄罗斯"白银时代"的诗人群中,撇开他们各自的诗歌成就不说,仅以性格与为人而言,相比茨维塔耶娃、曼杰什坦姆、吉皮乌斯等在性格上有一定偏执倾向的诗人,我个人比较偏爱阿赫玛托娃。这种喜爱一部分与她天才的创作有关,另一部分则来自我对她的生活的认识。她保持了一种和谐的健康心态,历经苦难却从不丧失对生活的信心,面对诗歌与生活之间时而出现的两难困惑,总是能够依循情感和人性而作出正确的选择。这一切都让我发自心底地钦佩和向往,并引为自己的生活和写作的标尺。

我想说的是,本书的署名虽然是我,但它得到了很多朋友的支持与帮助,同样凝聚着他们的心血。这里,特别需要感谢的是如下朋友:

首先是周晓苹女士。本书的写作最初来自她的策划,正是受到了她的鼓励和邀约，我有了写作本书的动力，得以集中精力完成了一次对阿赫玛托娃整个诗歌与人生的初级解读。

其次是上海交通大学的杨明明教授。在获知我正在撰写《没有主人公的叙事诗：阿赫玛托娃传》的消息后，其时正在圣彼得堡国立大学攻读博士学位的她特意寄赠了一套新版的六卷本《阿赫玛托娃文集》，从而提供了一套宝贵的研究文本。

再次是我的故友，中国社会科学院外国文学研究所王景生博士。他不仅在具体撰写过程中帮助我解决了不少俄语语言上的疑难问题，而且还在扫描图片和软件运用上及时援手，给了我不少帮助。在重读本书的校样时，我与他相处时的种种场景又浮现在面前，令我唏嘘不已。愿他在天之灵安息！

最后，必须提及两位优秀的编辑，感谢特约编辑葛灿红与责任编辑隋丹！没有她们细致的校看和编辑，本书仍是一部半成品。正是她们的努力，让第十位缪斯得以再次从容、优雅地漫步在汉语的百花园中。

目 录
Catalog

第一章
生活和灵感的源泉　001

第二章
座钟里的布谷鸟　017

第三章
她命中注定要下地狱　035

第四章
美多么可怕　053

第五章
风儿像海妖一样在歌唱　071

第六章
爱情像烙铁和烈火　087

第七章
诽谤到处追随着我　103

第八章
谁敢相信我是一个疯子　119

第九章
石头一样的判决词　131

第十章
迟到的春天像一位寡妇　147

第十一章
声音在空气里燃成灰烬　163

第十二章
作为世间一切的见证　179

尾声：融入"自己的尘土"　197
阿赫玛托娃年谱　205
主要参考书目　213

第一章
生活和灵感的源泉

1889年6月23日（俄历11日），在黑海沿岸城市敖德萨近郊的大喷泉海岸的某栋小别墅里，海军机械工程师安德烈·安东诺维奇·戈连柯全家迎来了一个新生命。为了纪念小女孩的外祖母安娜·叶戈罗夫娜·莫托维洛娃，她被命名为安娜。

由于来自爱琴海的祖母的缘故，这位小女孩身上有希腊血统，这从她成年以后笔挺而稍显隆起的鼻梁可以得到确凿的证明。俄罗斯的"萨福"甚至在血缘上都得到了来自莱斯博斯岛第十位缪斯的遗传，它自然为其技艺上的私淑提供了便利。母亲茵娜·埃拉兹莫夫娜的家庭渊源可以推溯到名震欧亚的成吉思汗或帖木儿。她的外曾祖母普拉斯科维亚·费多谢夫娜·阿赫玛托娃出身于辛比尔斯克的阿赫玛托夫家族,这一家族的祖先便是金帐汗国的阿赫玛托大汗。根据历史学家卡拉姆辛考证,一位俄国刺客在夜间杀死了正在帐篷里安睡的阿赫玛托大汗,从而结束了蒙古人对古罗斯的统治。此后,每年的这一天,俄罗斯人都会聚集在莫斯科的司列坚斯克修道院,高举十字架圣像,纪念本民族获得自由和解放的盛大事件。大汗的后人有不少留在了俄罗斯,其中一位郡主于18世纪嫁给了西伯利亚颇有名望的地主叶戈尔·莫托维洛夫,也就是小安娜的外曾祖父。

不满周岁,安娜便随父母来到了北方,在巴甫洛夫斯克居住了短暂的一段时间后,全家迁移到了著名的皇村。她在那里一直生活到十六岁。于是,这座充满了诗意传说的小城深刻地烙印在她早年的记忆中。

皇村现名普希金城,位于圣彼得堡的南郊,它是历代沙皇的行宫所在地。皇村始建于1708年,经过彼得大帝和伊丽莎白女皇的规划与修缮,在18世纪中叶形成了初具规模的皇家园林。到了叶卡捷琳娜二世时期,建造了富丽堂皇的叶卡捷琳娜宫,并对整个园林进行了扩建,增修了不少亭台楼阁,基本奠定了现在的规模。俄罗斯的很多诗人,如杰尔查文、茹柯夫斯基、莱蒙托夫、丘特切夫、安年斯基、古米廖夫等在俄罗斯诗歌史上占有显赫地位的人物,都以曾在皇村生活或学习的经历为值得夸耀的荣誉,而那些无缘在那里居住的诗人们,也大多将它看作俄罗斯诗歌的帕纳斯山,一直心存虔诚和敬畏。

普希金在他的《皇村回忆》里表示，美丽的皇村是"北方的天堂"。他如是描述心目中的皇村：绿草如茵，轻风送爽，白雾笼罩着葱茏的树林，林荫深处的溪水发出淙淙的流淌声，瀑布跌落在嶙峋的山石上，仿佛一条条碎玉镶成的小河，仙女们在湖泊里沐浴嬉戏，泼溅着慵懒的水花，叶卡捷琳娜宫安静地矗立在夜幕下，宫殿的上空，安谧的月亮，仿佛一只高傲的天鹅，在银色的云朵中游弋……因此，普希金又把它命名为"缪斯之城"，看作自己的精神故乡。

他在另一首诗《十月十九日》中歌吟道：

> 无论命运把我们抛向哪里，
> 无论幸福将我们带到何处，
> 我们还是我们：整个世界是——异乡，
> 只有皇村是我们的故国。

生活在这座小城里，安娜极其自然地把自己的命运与俄罗斯诗歌的伟大传统联系在一起。对皇村的热爱与对普希金的敬仰留给了她无尽的诗歌记忆，驱使她在日后写出了不少与之有关的作品，如《在皇村》：

> 黝黑的少年在林荫道上徘徊，
> 漫步湖畔，愁肠百结，
> 一个世纪了，我们还在怀念

那窸窸窣窣的脚步声。

刺人的松针绵密地
铺满低矮的树墩,
这里放过他的三角帽,
一卷破旧的帕尔尼诗集。

在《皇村颂》中,她将皇村比作自己"生活和灵感的源泉",诗人渴望用画家夏加尔描绘故乡威帖布斯克的笔墨来描写皇村。

在皇村期间,安娜一家有很长时间租住在寡妇商人舒哈尔金娜的公寓里。这栋房子位于宽街一角和别兹缅内胡同的拐角处。幼年时,小女孩住在一层,稍年长一些,便搬到了二层。她对房间里的糊墙纸感到很好奇,喜欢一层又一层地去剥除它们,直到露出最里层的红色墙壁。她在这里制造过无数童真和青春的梦幻,但她印象最深的则是人们送葬的队伍,它们与《黑桃皇后》中伯爵夫人的葬礼十分相似:一群小男孩用天使般的嗓音唱着安魂曲,新鲜的绿叶和干枯的花束盖满了灵柩,神父们手持提灯和香炉,庄严而缓慢地行进,灵柩的后面是一身戎装的近卫军军官——他们给人的感觉就像是渥伦斯基的兄弟,再往后便是轿式马车,里面坐着身份显赫的老太太和她们的随从。成年以后,安娜觉得,这个场面是整个19世纪某些大葬礼的一部分,普希金的那些年轻的同时代人便是这样被埋葬的。

在安娜的记忆中，童年是灰色的，它缺少很多孩子所拥有的玫瑰色，没有什么玩具，没有玩伴，没有叔叔、阿姨带来的惊喜，她甚至觉得自己不过是别人的呓语和幻梦，是别人镜子里的影像。孤独培养了安娜身上敏感、早慧的性格。据说，她两岁就能记事。或许是觉得女儿自小就多愁善感的缘故，父亲戈连柯戏谑地称她为"颓废派诗人"。这个戏言日后却成了现实。十一岁时，她不仅开始在母亲记录家庭收支的账本上写自传，而且还写出了生平第一首诗。

不过，相对皇村诗意的外部环境而言，安娜所在的家庭氛围并不适合一个诗人的成长。不知何故，父亲似乎对诗歌存有明显的敌意，在获悉女儿意欲成为诗人的时候，他竟然请求安娜不要玷污他的姓氏。安娜对此的回答是："我不需要你的姓氏。"结果，女诗人戈连柯尚未诞生便宣告夭折。而阿赫玛托娃，作为一个典型的东方姓氏，占据了俄罗斯诗歌史中光辉的一席。

她的童年所接触到的诗歌作品简直少得可怜，家中唯一的一本诗集是《涅克拉索夫诗选》。涅克拉索夫是19世纪俄罗斯的著名诗人，他的作品语言朴素，基调沉郁，在《昨天下午，五点多钟》一诗中，他以十分简洁的语言对被侮辱、被损害的下层妇女寄予了深刻的同情：

> 昨天下午，五点多钟，
> 我走过了干草广场，
> 一个女人在忍受鞭打，

那是一名年轻的乡下姑娘。

她的胸腔没有发出一丝声音,
只有皮鞭在抽动,呼啸……
我对缪斯说:"看呀,
那就是你亲生的姐妹!"

他的其他名篇,如《谁在俄罗斯能过上好日子》《铁路》《大门前的沉思》《夜晚,我奔驰在黑暗的大街上》《红鼻子雪大王》等都流露出强烈的民主主义意识,开创了俄罗斯"公民诗"的写作传统。1920年,阿赫玛托娃针对一份问卷调查作了这样的答复:

您喜欢涅克拉索夫的诗吗?
——喜欢。
您怎样评价涅克拉索夫的诗歌技巧?
——涅克拉索夫无疑掌握了写诗的艺术,这一点从他的小诗特别明快,任何时候都不会写得乏味和平庸而获得证明。
童年时您怎样看涅克拉索夫?
——涅克拉索夫是我第一个阅读和喜爱的诗人。
您的创作可曾受过涅克拉索夫的影响?
——在某些诗作里。
您怎样评价涅克拉索夫对人民的爱?

——热爱人民是他创作的唯一源泉。

您怎样看待涅克拉索夫是不道德的人这一流行观点？

——这一观点根本改变不了我对涅克拉索夫的看法。

在看过上述问答以后，我们便不难理解，早期擅长"室内抒情诗"的阿赫玛托娃如何能够在晚年写出《安魂曲》和《没有主人公的叙事诗》等作品；几乎可以肯定的是，这位遭受了生活磨难和见证了严酷历史的女诗人，在她那敏感心灵的土壤中，早早地埋下了一颗关注人类命运的悲悯的种子。

十岁那年，安娜考入皇村女子学校。不到半年，她莫名其妙地得了一场重病，昏迷了近一个星期。有一阵子，她甚至丧失了听力，所有人都觉得安娜可能没救了。可是，最后她却奇迹般地痊愈了。也正是从那以后，安娜开始尝试着书写有韵的文字，她本人也一直认为，这场疾病与她的诗歌生涯存在着说不清、道不明的神秘联系。

1903年圣诞节前夕，安娜和女友瓦列丽娅一起去购买圣诞树上的装饰品。她们恰好在商场里碰上了古米廖夫兄弟，即哥哥米佳和弟弟科利亚。瓦列丽娅与他们相识，曾经师从同一个音乐老师。于是，他们便结伴而行：瓦列丽娅与哥哥并肩走在一起，安娜则和弟弟跟随其后。等购置了所需物品以后，古米廖夫兄弟又非常绅士地送两位姑娘回家。

但是，刚进家门，瓦列丽娅便嚷道："这个哥哥简直枯燥无比，我和他没什么话可说。""我和弟弟谈话，也没什么兴趣。"安娜也叹息道。

不过，尽管安娜对科利亚没太大的兴趣，科利亚对她可不是无动于衷的。有了这次邂逅，科利亚经常找各种借口来到瓦列丽娅家，期望在那里碰上安娜，并且想方设法与安娜的哥哥安德烈认识，制造所有接近安娜的可能性。

科利亚是尼古拉·斯捷潘诺维奇·古米廖夫的小名，他瘦高个儿，相貌也不算太好，一张狭长的脸盘，一个蒜头鼻子和一个长下巴，神色中还有几分傲慢。好在他博览群书，知识广博，而且有极其敏锐的艺术感受力，这些优势弥补了他形象上的不足。科利亚虽说法语不太好，却非常熟悉法国诗歌。当时，法国象征主义诗歌刚刚传入俄罗斯，他借助这一优势，频频向安娜发动爱情的攻势。安娜呢，尽管不是很欣赏他，但很愿意听他评点法国诗歌，介绍最新的文学流派和思潮，以及朗诵自己的作品。

每年夏天，安娜一家会到塞瓦斯托波尔的斯特列茨湾度假。在那里，安娜习惯光着脚板走路，帽子都不戴就上街。她经常只穿着连衣裙就跑到海滨，然后，把连衣裙一脱，埋在沙堆里，随即跳进大海，在海水里泡上几个小时。即使碰上狂风暴雨的天气，她也满不在乎，仍然会游上一阵子。上岸以后，顾不得擦干身子便套上连衣裙，湿漉漉地回家。像普希金一样，她向往大海，把大海看作"自由的元素"，而与这位前辈不同的是，她似乎更潜在一些，在海水里沉溺得更深一些：

我再不需要双脚，

> 但愿它们变成一条鱼尾!
>
> ……………
>
> 看哪,我潜在水下有多深,
>
> 双手抓紧了水草,
>
> 不用重复别人的话语,
>
> 也不再有任何烦恼。

在这首诗中,我们可以看到她喜爱的安徒生的影子,这里,爱的哀怨被置换成了对自由的争取,为此不惜付出血与生命的代价。

在烈日的灼晒和海水的浸泡下,安娜的皮肤变得黝黑,头发也褪了颜色,看上去就像一个长年生活在海边的渔家女子。她在这里扔掉了贵族少女的矜持、淑雅、娴静和文秀,充分地享受着自由的意志,以及由此而来的快乐。安娜的这些行为在当地的淑女们看来,似乎不太体面,故此,她也获得了一个"野姑娘"的绰号。多年以后,她还在为自己的游泳技术而自豪,认为它高于自己写诗的技能。

1904年,日本突然袭击驻扎在中国旅顺口的俄国舰队,发动了日俄战争。第二年,日军在这场战争中取得了胜利,迫使俄国签定了《朴茨茅斯和约》。根据和约中的条款,俄国把萨哈林岛(库页岛)的南半部割让给日本,并且放弃在中国辽东半岛的租借权,将从长春到旅顺口的那一段铁路转让给日本。战败的屈辱和因战争而引发的经济危机给劳动人民带来了极大的痛苦。1905年1月22日,沙皇军队枪杀手无寸铁的请愿工人,激起了全国性的工人大罢工和示威游行,掀起了一场轰轰烈烈的资产阶级民主革命。6月,在敖德萨,"波将金"战舰的水兵为声援工人,发动起义,起义的士兵杀死了舰上的海军军官。但由于其余的舰艇没有响应,起义遭到了镇压。20世纪20年代,苏联著名导演爱森斯坦根据这段史实拍出了一部史诗性巨片《战舰"波将金"号》,出色地再现了这一事件,创造了"敖德萨阶梯"这一世界电影史上的经典场景。1905年革命的高潮是12月的政治总罢工和布尔什维克领导的莫斯科武装起义。沙皇政府集中了全部精锐部队,镇压了这次起义,随后,进行了大规模的逮捕和屠杀,参与运动和起义的革命者被成批地送上了绞刑架。

与国家动荡的政治形势几乎同步,安娜的个人生活和家庭也发生了变故。先是古米廖夫因为追求未果,在复活节那天企图自杀。安娜知道后大为震惊,找到古米廖夫吵了一架,宣布从此不再和他来往。随后,父母由于感情不和而选择了离异,父亲离开皇村,去了彼得堡,母亲则带着五个孩子南下,取道基辅,搬回了濒临黑海的叶甫帕托利亚,因为那里还有一些亲戚,可以得到或多或少的帮助与照顾。

基辅是俄罗斯文化的发源地之一,它坐落在第聂伯河畔,具有美丽的自然风光和深厚的文化底蕴,同时也是当时俄罗斯资本主义经济发展较早的城市之一。但是,由于安娜是在家与国同处不幸中回到这里的,阴郁的心境甚至让她对这座城市产生了厌恶感,觉得"那是一个庸俗女人的城市",给人的印象就是"那里有许许多多的富豪与老板"。安娜在皇村中学的学业尚未完成,便在家庭教师的帮助下,在家里自修功课。学习之余,她十分怀念皇村的生活,写下了"无以计数"的诗歌习作。

1906年春天,安娜的姨妈带着安娜参加了富杜克列耶夫女子中学的七年级入学考试,她顺利通过考试。在这所学校,她完成了整个中学阶段的学习。夏天,安娜重新回到叶甫帕托利亚。小城的闭塞,家庭经济的拮据,青春期的躁动,这一切都使安娜的心情濒临绝望。

某一天,安娜把脖子伸进事先结好的绳扣,企图自杀。好在墙上钉子的松动和脱落,使她逃过了一劫。不久,古米廖夫中学毕业准备去巴黎。他来到叶甫帕托利亚看望安娜·阿赫玛托娃。两人又恢复了从前的来往。在巴黎,古米廖夫写下了一个组诗,题为《贝雅特丽采》,献给心仪已久的安娜,希望用自己的热情驱除心上人的悲愁与苦恼,同时也倾诉了对她的绵绵情意,流露了对不可测知的未来所感到的惶恐与不安:

> 你赠与我的是死亡的颤栗,
> 而不是情欲那苍白的颤动,
> 你带领我永远离开,
> 去向完满的幸福之岛。

诗中流露的是一种类似中世纪骑士对圣化了的爱情对象的膜拜、迷醉。

○ 第一章　生活和灵感的源泉

就在这一年,古米廖夫在巴黎参与编辑了一份俄语的文学杂志《天狼星》。正是在这份杂志上,安娜发表了自己的处女作《他手上戴着多枚闪亮的戒指》,署名为 А.Г.С.(用字母缩写来署名,在当时的法国和俄国都很流行,但此后,阿赫玛托娃似乎再也没有用过这个署名)。作品带有很大的模仿性,基本是一个文学青年的生涩亮相,自然,它也没被收入诗人以后出版的各种诗集。

这时,阿赫玛托娃已到了情窦初开的年龄,但她感情投入的目标却是彼得堡大学东方系的大学生格林尼谢夫—库图佐夫。她求助于自己的姐夫谢尔盖·弗拉基米洛维奇·冯·施坦因,后者当时任教于该大学的语文系,希望能得到一张暗恋对象的照片。可不知为什么,姐夫并没能满足她的这一要求。在这样的心境下,她自然对古米廖夫的追求无动于衷了,甚至对他帮助自己发表作品也不怎么领情,反而认为"是上帝让古米廖夫一时犯了糊涂"。至于古米廖夫呢,狂热的他则在寻求一切可以见到阿赫玛托娃的机会,甚至连她随家人外出去度假,他也跟着赶往塞瓦斯托波尔,租住在她的隔壁,竭尽一切可能去接近她。但落花有意、流水无情,古米廖夫的一番良苦用心又付诸东流。被拒绝后,痛不欲生的他回到巴黎再次试图自杀。10月,他再次来到基辅向阿赫玛托娃求婚,又遭到了拒绝。12月,绝望中的古米廖夫又一次试图自杀,过了整整一个昼夜,人们才发现躺在巴黎郊外布洛涅森林中的他。幸而中毒尚浅,最后,他被抢救了过来。

古米廖夫向阿赫玛托娃求爱不果而多次试图自杀。最后一次是1908年夏天，古米廖夫准备去埃及旅游。路过基辅，他去看望阿赫玛托娃，抓住这个机会，他表白了自己的相思之情，希望她能嫁给他。不过，阿赫玛托娃就像拒绝融化的冰山，丝毫不为他的狂热与执着所动，又一次冷酷地给出了否定的答复。古米廖夫只好沮丧地上路。抵达开罗以后，他一直无法面对失败的结果，在埃兹别奇花园里又一次试图自杀。十年以后，他在一首诗中记载了这一事件：

> 那时，我受尽一个女人的折磨，
> 无论是咸涩而清新的海风，
> 无论是异国集市上的喧嚣，
> 都不能给我一丝一毫的安慰。
> 那时，我祈求上帝赐我一死，
> 我本人也做好了靠近它的准备。

从死亡的阴影中挣脱出来以后，古米廖夫大声高呼："生活——比痛苦更崇高，比死亡更深刻！"他希望成为一个真正的自由人，并且表示："无论发生什么事情，无论什么样的忧伤和屈辱降临，我决不过早地考虑轻率的死。"

1907年秋天，阿赫玛托娃考入基辅女子学院法律系。她对枯燥的法律课程毫无兴趣，只喜欢拉丁语和法学史。课余时间，主要用于阅读文学作品和写诗。

爱我的人非我所爱，我爱的人所爱非我。阿赫玛托娃就这样在怅然和落寞中度过了两年。1909年5月，锲而不舍的古米廖夫旧话重提，再一次诚恳地向她示爱，劝说她一起到非洲去旅行。阿赫玛托娃仍然婉言拒绝。但是，11月，在基辅的"艺术之岛"晚会上，他俩不期而遇，这使阿赫玛托娃的感情航向发生了戏剧性的变化，她明白，作为可怜的"人鱼公主"，自己再也等不来那昧然无知的王子，只能把青春与梦想托付给这几年一直在追求自己的"灰眼睛男孩"。她给姐夫谢尔盖·弗拉基米洛维奇·冯·施坦因的信中说明了这个情况：

> 我即将嫁给小时候的朋友尼古拉·斯捷潘诺维奇·古米廖夫。他一直爱了我三年。我相信，我的命运就是成为他的妻子。至于爱不爱他，我也不清楚。我想，大概是爱的。

阿赫玛托娃与古米廖夫确定爱情关系以后，两人便经常出双入对地参加各种活动。有一次，他们相约去参观俄罗斯博物馆。见面时，阿赫玛托娃发现古米廖夫随身带了一份诗集的校样。当她从后者的手中接过校样时，眼睛突然一亮，发现原来是皇村中学的校长安年斯基的作品。诗集的书名是《雕花柏木匣》，阿赫玛托娃翻开诗集的第一页就被吸引住了，她站在原地，几乎一动不动地读完了全部作品。后来，她一再声称，安年斯基是自己的老师，对他崇敬不已，在和诗友们交往时也竭力推荐，在她看来，"安年斯基就像巴拉廷斯基、丘特切夫和费特一样，在我们的诗歌中应该占有突出的地位"。

在俄罗斯"白银时代"的诗歌群星中，安年斯基通常被划入象征主义诗人的行列。他出生于鄂木斯克，六岁时随父亲迂回彼得堡。1874年,毕业于彼得堡大学语文系,获副博士学位。曾在中学任教多年,先后担任过彼得堡中学校长、皇村中学校长和彼得堡地区中等学校督学的职务。安年斯基大器晚成,四十九岁才出版了第一本诗集《寂静的歌》,第二本诗集便是古米廖夫当日携带在身边的《雕花柏木匣》。这时,他已不在人世。在诗学追求上,安年斯基倡导一种唯美主义的写作倾向,认为美是人类生存的目的,借用法国作家司汤达的名言——"美是对幸福的承诺",力图调和当时文坛上审美与道德的割裂状态。在自己的文章中,他声称,美就是一切精神因素的聚合,它实际包含了真和善,借此人们可以战胜现实的丑陋与邪恶。为此,他推崇"澄明"的境界,这一观点与其后的存在论者恰好不谋而合。他阐述道:"澄明——这似乎是精神战胜世界,'我'战胜'非我'的象征,艺术作品的观赏者,由于参与了艺术家的成功,能在瞬间体验到艺术家的喜悦"。与其他象征主义诗人不同的是,他不认同世界的抽象性,追求创作中的具体性,关注"物"与"物"之间的联系,制造一个"澄明"的诗歌场,让"物"在其中自行呈现,例如,他描写幸福:

>   幸福是什么?疯狂的话语之烟云?
>   旅途上的某一瞬间?
>   一个渴望重逢的亲吻
>   溶进了听不到的再见?
>   ……………
>   你说……那是幸福在跳动,

将翅膀贴近了一朵小花，

可一瞬间——它又旋飞向天空，

十分明亮，却永不还家。

在这首诗中，他把抽象的概念"幸福"落实到了具体的声音、动作和物体上，增强了诗歌的感染力。

阿赫玛托娃觉得，安年斯基"以悲剧的真诚和艺术为标志"，他的诗歌"特别铿锵有力"。在他身上潜伏了很多新的东西，他进行过很多成功的实验，"所有的革新者都发现他很亲切"。阿赫玛托娃认为，不仅是她本人从安年斯基的创作中找到了"起点"，而且当时很多"白银时代"的诗人，如古米廖夫、曼杰什坦姆、帕斯捷尔纳克、马雅可夫斯基、赫列勃尼科夫等，都从他那里汲取过必要的营养。所以说，在巴尔蒙特、勃柳索夫等人完成了草创期的工作后，"安年斯基的事业在下一代人中以极大的力量复苏了"。

1910年俄历4月25日，在第聂伯河畔的尼古尔村的一座教堂里，阿赫玛托娃与古米廖夫举行了婚礼。阿赫玛托娃的家人和亲戚觉得，这是一桩注定要失败的婚姻，没有一个人出席。新娘自然感到很没面子，非常伤心。迷信的新郎则更是觉得其中存有巨大的婚姻危机，以至于直到一年以后，他才向自己的朋友公开这桩婚姻。婚礼结束不久，阿赫玛托娃便做出了一个与很多新婚夫妇不同的举动，将两人数年来的信札收集在一起，不是为了留作纪念，而是付诸一炬，似乎要就此埋葬掉以前所有不愉快的回忆。

第二章
座钟里的布谷鸟

古米廖夫与阿赫玛托娃婚后不久,便来到了巴黎。

20世纪初的巴黎,集聚了整个法兰西文化的精粹,是当时各种激进的政治思潮和前卫的艺术观念的发源地。它那开放的文化姿态和艺术化了的生活环境,给世人营造了一个可供无限遐想的空间,堪称诗人和艺术家的天堂。这里有富丽奢华的卢浮宫,高耸入云的艾菲尔铁塔,静谧、缠绵的塞纳河,时髦、宽敞的香榭丽舍大街,庄严的巴黎圣母院,绿草如茵的卢森堡公园,金碧辉煌的凡尔赛宫,肃穆的荣军院广场,神圣的先贤祠,巍峨的凯旋门,幽深的小巷,精致的马车,等等。除此之外,巴黎还有着世界上最具文化意味的沙龙，城市的各个角落也布满了大大小小的酒吧和咖啡馆。这些自然的和人文的景观，造就了巴黎浓郁的艺术氛围，也刺激了众多诗人和艺术家的想象力，激励他们去按照各自的理解构造现代城市的神话和谱写都市里的牧歌。

性格上的差异，婚前感情基础的薄弱，使得这对新婚夫妇在蜜月期就出现了裂痕。阿赫玛托娃喜欢过安静、平和的生活，而古米廖夫则热衷于旅游和冒险，总有"生活在别处"的期盼。他把巴黎看作是通向神秘世界的桥梁，在各类博物馆中流连忘返。阿赫玛托娃对所谓的"奇风异俗"不感兴趣，因此，跟着古米廖夫东奔西跑了一段时间，便感到厌倦，后来到了"无法忍受"的地步，"被博物馆搞出了偏头痛"，以至于宁愿一个人待在家里。为了排遣寂寞，她曾在家里养了一只小乌龟，觉得即便没事看着乌龟缓慢地爬行，也算是一种享受。而古米廖夫也不再强求，经常独自一人外出，徜徉在巴黎各个博物馆中那些数不胜数的收藏品里。

时隔不久，一个偶然的机会，阿赫玛托娃认识了青年画家阿梅代奥·莫迪利阿尼。莫迪利阿尼被称作"颓废的唯美主义者"，他是来自意大利的犹太后裔，祖籍西班牙。少年时代，莫迪利阿尼梦想成为一名雕塑家，十四岁进入美术学校。他后来考入威尼斯美术学院，在那里待了三年。1906年初，莫迪利阿尼来到巴黎。为了谋生，他经常在街头给人画像，得到一点钱就去买酒喝，往往是在不断的咳嗽中，就着三明治喝酒。最后，他把剩余的一点钱分发给更加穷困潦倒的人。

莫迪利阿尼在绘画中喜欢使用浓烈的蓝色和浓烈的红色，

他经常在画布上设置一个简单、空旷的背景，描画一个个夸张了的女人体，她们修长而纤弱，大多是较为夸张了的长脖子、长胳膊、长腰肢，并且有一对空洞、疲倦的眼睛……有时，他甚至连眼珠都不画，空荡荡的眼眶传达了极端的空虚与倦怠。卡罗·曼在关于他的传记中认为，通过笔下的女性，他"着重表现人类社会的普遍规律……试图描绘出人类普遍存在的痛苦和悲哀"。莫迪利阿尼的朋友、俄罗斯诗人爱伦堡的看法则是，这些人物都有"备受迫害的柔弱和在劫难逃的噩运"，他（她）们总有"一种悲戚的困惑表情，一种固定不变的厌世的苦闷"，让人觉得"像被人欺负的孩子"。

阿赫玛托娃与莫迪利阿尼交往的时候，两人都正值青春年少，也都寂寂无名。按照阿赫玛托娃的说法，发生的一切，对于他们而言，只是"生命的史前史"，"艺术的呼吸尚未点燃，这两个个体也尚未出现变异，这应该是一个光明、轻快的破晓前的时刻"，但与此同时，它也"早已投下了自己的阴影"。那时候，莫迪利阿尼便处在一贫如洗的状态中，他与阿赫玛托娃在卢森堡公园约会，总是坐在长凳上，而不是按惯例租坐需要付费的椅子。他们在一起聊得最多的是诗，共同诵读法国诗人魏尔伦、拉弗格、马拉美、波德莱尔的作品。

正如波德莱尔眼中忧郁寂寥的景象一样，巴黎常年多雨，尤其是秋冬季节，更是落叶飘零、阴雨绵绵。和阿赫玛托娃约会，每当天空飘着小雨的时候，莫迪利阿尼就会带上一把又大又旧的黑雨伞上街。他们有时就这样撑着雨伞坐在长凳上，对着一座意大利风格的宫殿，应和着淅淅沥沥的雨滴声，吟诵魏尔伦的诗句：

> 泪水流在我的心底，
> 恰似你满城秋雨。
> 一股无名的愁绪
> 浸透到我的心底。
>
> 嘈杂而柔和的雨
> 在地上、在瓦上絮语！
> 啊，为一颗惆怅的心
> 而轻轻吟唱的雨！

偶尔，阿赫玛托娃也朗诵自己的诗歌，莫迪利阿尼不懂俄语，完全不知道作品的含义，但敏感的他还是凭着直觉猜出了一些意味，捕捉到了其中极为微妙的东西。两颗年轻而寂寞的灵魂在诗歌和艺术的感召下，逐渐接近、靠拢……

有一次，阿赫玛托娃想给莫迪利阿尼一个惊喜，买了一束红玫瑰去见他。不巧的是，莫迪利阿尼没在工作室，房门紧闭，但门上的窗子却没关上。阿赫玛托娃等了一阵子，没见到他的身影，便将玫瑰花从窗口扔了进去。在他们再度见面时，莫迪利阿尼带着满脸的疑惑问道，房间上了锁，钥匙在他身上，她是怎么进的房间。等阿赫玛托娃把事情的经过叙述一遍以后，他惊奇地嚷道："不可能——花束摆得那么美。"

不过，这段恋情在古米廖夫与阿赫玛托娃回国以后就被迫中断了。分别以后相当长一段时间，双方都断了音讯。1918年5月的某天，阿赫玛托娃曾在与古米廖夫的交谈中提及莫迪利阿尼。古米廖夫说，他俩曾经发生过一场冲突，事情的起因是古米廖夫在一大群人中讲俄语，而莫迪利阿尼随即提出了抗议，对此，古米廖夫非常不屑，将后者斥为"酒鬼"。事隔多年以后，阿赫玛托娃叹息道："他俩大约都只有两三年可活，而一大堆身后的名誉在等着他们。"

长期的酗酒，不规律的生活习惯，严重损害了莫迪利阿尼的健康。1920年1月24日，这位短命而英俊的天才艺术家因患结核性脑膜炎，在贫病交加中与世长辞，时年不到三十六岁。第二天早晨，在人行道上前来吊唁的人群中间有一个身穿孝服的身影。她身材瘦小，面色苍白，双手捧着怀孕的腹部，步履蹒跚，艰难地移动着那笨重的身躯。这是莫迪利阿尼的妻子珍妮·埃布戴尔纳。她跟随着人群，走过一个又一个走廊，来到棺木旁边。应她的要求，众人回避，她单独在棺木边停留了很长时间。最后她剪下一缕头发，放在她的丈夫身上，便默默地离开了。大家都劝说她回到医院为她准备的房间去，但她拒绝了所有人的劝告，径直地回到了阿姆尧特街她父母的家中。凌晨三点，她起了床，打开客厅的窗户，抬腿跨过栏杆，从六层楼上跳了下去……

作为表现主义的天才画家，莫迪利阿尼的主要成就在油画上。作为练习和草稿，他还画了不少素描和速写，这些即兴的作品造型单纯，却十分流畅凝练，意味深长。现存的一幅阿赫玛托娃的素描像便是其中的代表作。据说,他曾为阿赫玛托娃画过十六幅画像。这些作品便是阿赫玛托娃与莫迪利阿尼相遇、相知和相恋的见证,可惜大部分都没有留存下来。半个世纪以后,阿赫玛托娃饱含深情写下了一篇随笔《阿梅代奥·莫迪利阿尼》,描述当时那个"美术吞噬了诗歌"的巴黎,重现了逝去的时光。

1910年6月,这对年轻夫妇结束了蜜月旅行,返回自己的祖国。古米廖夫带着妻子回到了皇村。

不久,古米廖夫带着阿赫玛托娃参加了彼得堡著名的"塔楼"聚会。所谓的"塔楼"位于特维尔斯卡雅街和塔甫利切斯卡雅街的交界处,在那里,维雅·伊万诺夫每周三主持一个艺术沙龙,来宾几乎都是彼得堡诗歌界的耆宿或新秀,他们聚集在一起交流各自的艺术主张与看法,谈论文坛上的趣闻逸事,然后轮流朗诵诗歌。

维雅·伊万诺夫知识渊博、信仰坚定,同时还是一个极具亲和力的诗人。在家庭沙龙的基础上,他还组织了一个俄罗斯语言艺术爱好者协会,探讨诗歌的纯艺术问题。在阿赫玛托娃眼里,他"是个聪明人,极有修养,也非常有天分","能够影响周围人等"。朗诵开始以后,人们邀请古米廖夫漂亮而聪明的妻子也朗诵一下自己的诗歌。阿赫玛托娃略带羞涩地站了起来,吟诵了《最后相会的歌吟》:

> 胸口是那么无助地冷却,
> 而我的脚步却那么轻快。

我把左手的手套
往自己的右手上戴。

仿佛感到台阶无数地多,
我分明记得它总共才三级!……

这首诗赢得了在场所有人的称许。维雅·伊万诺夫甚至放下了固有的矜持,激动地走到阿赫玛托娃面前,一边吻着她的手,一边兴奋地说:"安娜·安德烈耶夫娜,这首诗的诞生是俄罗斯诗歌的一件大事。"对妻子的受欢迎,古米廖夫心里有点不太平衡,当时脸色便阴沉了下来,他从烟盒里拈出一根香烟,却没有放到嘴唇间,而是下意识地在烟盒上使劲儿敲击。

显然,两位天才诗人的婚姻生活并不如古米廖夫当初预想的那么幸福,这在他的一首诗中可以见出端倪:

从基辅城里,
从蛇的洞穴内,
我娶的不是妻子,而是女巫。

阿赫玛托娃对这段婚姻也忧虑重重,并没将它看成是幸福的开端,而仅仅是一个"终点的开始",她在一首题为《第一次返乡》的诗中如是写道:

> 五年过去了。这里一片死寂，
> 仿佛世界末日已经来临。
> 仿佛一段永远终结的主旋律，
> 宫殿在死亡的大梦中安息。

或许是探险、猎奇的心性使然，也可能是为了回避新婚不久便出现的隔阂与尴尬，当年的 9 月 25 日，古米廖夫再一次去了非洲，赴阿比西尼亚（今埃塞俄比亚）作科学考察旅行。阿赫玛托娃则留在皇村，继续她尚未完成的学业。在旅途上，古米廖夫经常在给妻子的信中描述当地的风土人情，告诉她自己的感受，有时还附上自己的诗作。或许正是在这个时候，阿赫玛托娃才真正意识到，她的少女时代已经一去不复返了。她独守空房，觉得自己就像一只生活在"座钟里的布谷鸟"，只好将内心的寂寞和惆怅和盘付托给诗歌，在阅读和写作中打发光阴。

过了半年，古米廖夫返回俄国，阿赫玛托娃去火车站迎接他。

站在月台上，古米廖夫问道："写诗了吗？"

等阿赫玛托娃拿出随身携带的诗稿以后，他迫不及待地看了起来。在匆匆浏览一遍后，古米廖夫以赞许的口吻说道："很好，你已经成了一名诗人，可以出诗集了。"

从此，向来傲慢自大的古米廖夫再也不敢小觑妻子的诗歌才能。

在俄罗斯文学史上，1910 年是一个有着特殊意义的年份。

就在这一年，现代主义诗歌运动越过了它的滥觞期，开始向更成熟的阶段挺进。此前风靡一时的象征主义诗歌开始暴露出它既有的内在危机。原本作为先锋和前卫的象征主义在取得文坛的主导地位以后，逐渐流露出主流诗歌难以克服的保守性，诗人们以往对现实的批判开始转换成对幻想的沉溺，作品中朦胧的美感变作了晦涩、含糊的梦呓，一些形式大于内容的伪浪漫主义式的虚夸也时有所见；并且，在一部分诗人那里，宗教的诉求完全压倒了诗意的阐述，艺术本位的原则被摒弃在诗歌的门槛之外。由此，一场诗歌上的革新便应运而生了。年轻的一代纷纷"揭竿而起"，一部分人对来自意大利的未来主义产生了浓厚的兴趣，另一部分人则谋求成立一个更具本土意味的流派。

1911年，古米廖夫和谢·戈罗杰茨基联手组建了一个"诗人车间"的文学团体，希冀借助群体的力量来反击老一辈的现代主义者。"诗人车间"的成员有十五人，分别是：古米廖夫、戈罗杰茨基、阿赫玛托娃、曼杰什坦姆、纳尔布特、津凯维奇、布鲁尼、格·伊万诺夫、洛津斯基、阿拉莫维奇、瓦·吉皮乌斯、切尔尼亚夫斯基、莫拉夫斯卡娅、德·库兹明—卡拉瓦耶夫及其妻子伊丽莎白。他们每月举行两三次活动，至于活动地点，有时在喷泉屋的戈罗杰茨基家，有时在皇村的古米廖夫家，有时则在练马场的库兹明—卡拉瓦耶夫家，偶尔还去过洛津斯基的家和艺术学院的布鲁尼的住宅。

"诗人车间"由古米廖夫和戈罗杰茨基担任主席，阿赫玛托娃担任秘书，主要负责发送聚会通知，通知上绘有"诗人车间"的标志——七弦琴。亚·勃洛克、弗·皮亚斯特参加了在戈罗杰茨基家的第一次聚会,成员们在一起按照顺序朗诵诗歌,接着相互点评和讨论,然后共进晚餐。

古米廖夫和他的同仁之所以将自己的团体命名为"诗人车间",跟他们对写作技巧的推崇有关。诗人们参加聚会,等于进入了一个写作车间,需要掌握熟练的工作技术,了解生产线上的每一道工序。车间的主脑人物是"师傅",他们决定着整个车间的活动安排,针对每个"学徒"的工作成绩作出判断,给予指点。

在"诗人车间"的第三次聚会上,古米廖夫提出,应该与象征主义彻底划清界限,创建一个新的诗歌流派。于是,诗人们根据希腊语"阿克梅"的词义,提出了"阿克梅主义"的诗学主张。"阿克梅"有"高峰、顶端、最高级"的意思,诗人们选择它作为自己诗歌的旗帜,显然包含了追求诗歌的始初性、本原性的意味,这就要求诗人不再将目光投放到渺无边际的"彼岸",寻觅神秘的异己世界,而是关注现实、具体的生活,摒弃象征的手法,让美呈现自身。在他们看来,一朵玫瑰,它展示自己的美丽,并不借助神秘的爱情或与其他物体的相似性,而是依凭它独特的花瓣、独特的芬芳、独特的色彩,去感染和打动那些观赏者。他们自命为新世纪的亚当,艺术生活的开拓者,用纯真的目光打量周围的世界,寻找最准确、最清晰的语言来表达他们对现实的理解。因此,这些诗人在某些场合又自称为亚当主义者。不过,并非"诗人车间"的所有成员都认同"阿克梅主义"的诗学选择,像洛津斯基与瓦·吉皮乌斯就坚决反对所谓的"阿克梅主义"写作，一部分人则持无所谓的态度，其中最坚定地奉行"阿克梅主义"艺术原则的有六人，即，古米廖夫、曼杰什坦姆、戈罗杰茨基、纳尔布特、津凯维奇和阿赫玛托娃。

与此同时，古米廖夫开始主持《阿波罗》杂志的文学栏目，用现在的话来说，为阿克梅主义的崛起赢得了话语权。《阿波罗》是一本综合性的文艺杂志，于1909年在彼得堡创刊，它的出版人是马科夫斯基。马科夫斯基是一位出色的艺术批评家和出版家。十月革命后，他流亡法国。他在巴黎出版了两本带有回忆性质的文艺评论集《同时代人的肖像》和《在"白银时代"的帕纳斯山上》。这两本著作为后世研究俄罗斯"白银时代"的文化和诗歌提供了极其珍贵的历史资料。此外，他们还创办了"诗人车间"的机关刊物《极北族人》，它的出版人兼编辑是洛津斯基。

根据阿赫玛托娃的笔记和自述，她自十一岁开始诗歌练习，至诗集《黄昏》的出版，总共创作了约二百首作品。1912年，正是阿克梅主义在俄罗斯诗坛上方兴未艾之际，阿赫玛托娃从以往的作品中挑选了四十首，出版了自己的第一本诗集《黄昏》，印数为三百册，诗集由米·库兹明为之作序。诗集在俄罗斯诗歌界获得了不错的反响，著名诗人勃柳索夫、戈罗杰茨基、丘尔科夫等，都在报刊上发表评论，高度赞扬这位诗坛新秀的创作。诗人、评论家皮亚斯特甚至觉得，"《黄昏》更像我国诗歌创作的早晨"。

《黄昏》虽然是一个很薄的集子，但阿赫玛托娃创作中的不少特点已经有所崭露。作为一名出色的抒情诗人,她非常善于克制,能够在作品中驾驭奔涌的情感,借助出色的比喻,在最经济的篇幅里容纳深厚的内涵。如《爱情》一诗:

> 时而像蛇一样蜷缩一团,
> 在心灵深处施展巫术;
> 时而整天像一只鸽子,
> 在白色的窗前咕咕絮语。
>
> 时而在晶莹的寒霜里闪光,
> 恰似昏睡的紫罗兰的幻梦……

这些诗句把年轻女诗人心中感受到的爱情的诱惑、美好、危险及其变幻莫测的特点以简洁形象的表达给予了独特的展示。与此同时,阿赫玛托娃还善于浓缩巨大的情感,将它们置放在某一个场景片断里,提炼出事件的戏剧成分,用寥寥数语点出作者表达的意图所在,如《我活着,像座钟里的布谷鸟》:

> 我活着,像座钟里的布谷鸟,
> 我不羡慕森林中的鸟儿们。
> 上紧了发条——我就咕咕叫。
> 你要知道,这种命运
> 我仅仅希望
> 仇敌才会拥有。

而在另一首诗《在深色的面纱下》中,她仿佛在叙述一个故事似的写道:

在深色的面纱下,握紧双手……
"今天你为何如此憔悴?"
——"是因为,我用苦涩的忧愁
把他给灌得酩酊大醉。"

我怎能忘记?他踉跄着出门,
痛苦地扭曲着嘴唇……
我顾不得扶靠护栏,
忙不迭地追他到门口。

我气喘吁吁地喊道:"那一切
不过是玩笑。你再走,我就死。"
他只是平静地一笑,冷冷地
对我说:"别站在风口。"

这些看似充满了叙述细节的诗句,却有着浓郁的抒情色彩,所有被挑选进诗歌中的场景、对话和叙述,被诗人匠心独运地安排在抒情的核心位置上,高度专注地服务于抒情的目标。这种阿赫玛托娃特有的、通过克制而客观的叙述达到强烈抒情目的的诗歌技艺,在其后相当长的时间里影响了许多其他诗人的创作。

不过，阿赫玛托娃本人对这部诗集似乎并不满意，她曾作过如下的自我评价："一个极度空虚的姑娘的这些贫乏的诗歌，不知何故被翻印了十三次（如果我见到是侵权版本的全部的话），它们还被译成了数种外语出版。姑娘本人（尽我所记得）未曾预见到这样的命运，她曾把那些初次发表这些作品的杂志藏在枕头底下，'免得散失了'，由于《黄昏》出版而带来的沮丧，竟然促使她去了意大利（1912年春天），当她坐在电车上看着邻座的乘客，就在心里感叹：'他们多幸福——他们没有出版过书籍。'"

1912年10月1日，阿赫玛托娃生下了自己的独生子列夫。列夫出世不久，古米廖夫的母亲安娜·古米廖娃前来探望正在坐月子的媳妇，同时决定要带走孙子。对初为人母的阿赫玛托娃来说，这一举动无疑是出人意料的，也违背常情。于是，她闻听之下，立即予以拒绝。但最后，她架不住婆婆与丈夫的双重劝说，只好含泪答应。此后，列夫的童年大部分时间是在斯列普涅沃庄园和祖母生活在一起，父母只是定期去看望他。或许，正是这种母子分离的状态为以后的冲突埋下了种子。列夫的幼年和童年很少能享受到父爱和母爱，却因这一对著名的父母蒙受着出身的"耻辱"，几度身陷囹圄，他也因此对父母心存怨恨长达几十年。

1913年，《阿波罗》杂志上刊登了古米廖夫的《象征主义的遗产与阿克梅主义》和戈罗杰茨基的《俄罗斯现代诗歌中的几种流派》。他们都宣称，象征主义诗歌的气数已尽，其不久以前还被认为是无可争议的价值与声望，越来越多地受到了人们意欲对之重新评估的置疑。他俩都对象征主义进行发难，"俄罗斯象征主义把自己的主要精力倾注在不可认知的领域。它时而与神秘主义，时而与神智学，时而与通灵术结成联盟。它在这个流派中的某些追求几乎接近神话的创造"，指责其"根本轻视了这些艺术规律。象征主义又竭力利用词句流动善变的特性……"，"象征主义使世界充满了'对应'"，世界成了"幻影"，而"幻影"的重要程度，取决于它被另外的世界照射和透亮的程度，而它本身的崇高价值却因此而缩小了。其结果就"等于撇开了重力规律去建造词的纪念碑，而幻想仅仅用几条'对应法'去拴住这座纪念碑"。

古米廖夫觉得，诗歌应该"在任何情况下保持主体与客体之间更大的平衡，并对这一关系有更精确的认识"，戈罗杰茨基则认为，"艺术首先是平衡状态。艺术是耐久性"。戈罗杰茨基宣称，新的世纪给俄国诗歌注入了新的血液，"出类拔萃者当数诗人车间"，隶属于"车间"的"新诗人们并不是帕纳斯派，因为他们所珍视的并不是抽象的永恒本身。他们也不是印象派，因为每个普通的瞬间对他们而言，决不是艺术的终极目标。他们也不是象征派，因为他们不到每个瞬间里去寻求对于永恒的折射。他们是阿克梅派，因为他们选取可能归于永恒的那些瞬间，并纳入艺术中去"。

据古米廖夫认定，阿克梅主义者的导师有四位，莎士比亚、拉伯雷、维庸和戈蒂耶，他们是"阿克梅主义大厦的主要基石，扩张着它的这个或那个要素"，为此，他进一步解释道：

莎士比亚向我们展示人类的内心世界；拉伯雷——表现的是肉体与它的明智的生理快感；维庸提醒我们绝对不要怀疑自身的生命，尽管知悉一切——包括上帝、先知、死亡、不朽，等等；戈蒂耶为了这一生命，在艺术中找到了配得上完美的形式的全套衣服。

他希望，诗人就像森林中的野兽那样，以清新的目光观察世界，无论怎样都不放弃身上的野性，去换得那些美丽的"神经衰弱症"。在文学史上，莎士比亚是生命的戏剧性与深刻的现实主义精神密切结合的范例；拉伯雷与维庸显示了肉体的亲在性和现场感，他们的艺术探索属于肉体向精神的深度开掘；至于戈蒂耶，他强调"为艺术而艺术"，在诗歌形式上精益求精，追求造型美和雕塑美，为此不惜雕琢，雕琢，再雕琢。阿克梅派诗人的诗歌理想就是把这四种成分组合到一起，创造一种新的诗歌写作密码。这样，他们就把唯美主义的理念与日常生活联系到了一起，诗歌的纯美拥有了可触可感的实体。

针对象征主义的"遁世"倾向，阿克梅主义者牢牢地坚守着现实的支撑点。在他们的眼里，玫瑰、星星、三驾马车固然是美的，而且，尘世间原本丑陋的东西也可能是美好的，因为，在"活的心灵与呆板的物质"之间存在着"潜在的一致性"。戈罗杰茨基在他的文章中逐一点评了几位诗人的创作，历数了古米廖夫、津凯维奇、纳尔布特等人的创作特色之后，他指出，在众多的亚当中，阿赫玛托娃自然是夏娃的首选人物，她凭借着女人的敏感、女人的手、女人的嗅觉和女人的视线，巧妙而温存地处理抒情诗的任务，她"召唤"来许多神经的畸形者，她"以近乎大师的手笔"在诗中爱抚那些从"亚当"身上"残余"下来的遗痕，呵护小野兽身上的缺陷与残疾，在这些缺陷和残疾中发掘出至纯的人性。

第三章
她命中注定要下地狱

格·伊万诺夫在《彼得堡的冬天》一书中这样描述阿尔特曼为阿赫玛托娃作的肖像画："刺眼的硫酸铜的颜色,铜的折磨人的声响。……在这背景上是一位妇女——高高的,清秀的,苍白的。锁骨高耸,乌黑发亮的头发盖住了整个额头,直到眉际,脸颊黝黑,嘴唇是浅红色的,小巧的鼻子有点儿亮闪闪的,眼睛冷淡地打量着四周,却对眼前的事物仿佛视而不见。……她脸上所有的线条,身体的所有线条都轮廓分明。轮廓分明的嘴唇,轮廓分明的背影,轮廓分明的手指,轮廓分明的臂肘,甚至细长的脚背也显得是轮廓分明的。"

这样的画像给人的印象仿佛只能出自画家的虚构,生活中不可能有这样的女人。但格·伊万诺夫却写道："不，这是活生生的阿赫玛托娃。"接下去，他还继续写道，如果不相信的话，你只要在凌晨三四点钟走进当时的"野狗"俱乐部，便会明白所言不虚。

"野狗"俱乐部是一个内部酒吧，隶属于彼得堡戏剧协会。据说，创办这样一个俱乐部，其最初的灵感来自法国的"黑猫"酒吧。1881年11月，巴黎开了一家酒吧，它吸引了居住在这座现代都市里的许多诗人、画家、歌手、舞蹈家，一时名声大噪，很快成了巴黎夜生活的知名场所。他们在那里朗诵诗歌和散文，跳芭蕾舞，表演短剧，在这些常客中有法国象征派诗歌的领军人物魏尔伦、兰波、马拉美、拉福格、莫里阿斯、罗登巴哈等。很快，酒吧与艺术联姻的形式在欧洲的其他城市获得了响应，在柏林、慕尼黑等地出现了类似的酒吧。

彼得堡"野狗"俱乐部的创办者是鲍·康·普洛宁，他出生在切尔尼科夫一个平民知识分子家庭。他先在彼得堡大学历史语文系学习，后转入物理数学系，再转入法律系。可无论是历史和语文，还是自然科学与法律，都无法让他产生兴趣。不久，他转学到莫斯科大学学习，却因参加学生运动而被开除。这样，他就"像一只小鸟似的"游历了巴黎、里昂和其他的欧洲城市。1901年，返回莫斯科后，他进入莫斯科的斯坦尼斯拉夫斯基戏剧学校的导演班学习。毕业后，经斯坦尼斯拉夫斯基介绍，一度给梅耶荷德充当助手。正是在参与梅耶荷德的戏剧导演过程中，普洛宁想道：能不能创办一个俱乐部,为演员们寻求自由的、舒心的、"疯狂的"夜生活提供方便?而在巴黎的漫游经历则让他萌生了一个主意:开办一家俄罗斯艺术家自己的"黑猫"酒吧。

多年以后,普洛宁陷入对往事的追忆中:

> 我产生了一个想法,开办一家具有浪漫气息的酒吧,我们所有人,"野狗"们,四处流浪的、居无定所的"野狗"们,能够去那里随意呆一下,吃点便宜的食品,自由自在。我担心以"狗"命名——就仅仅是"狗"了,我希望名字能更刺激一些,但它自行出现了,就是无家可归的丧家犬的想法。理念成熟以后,我把它介绍给谢·苏杰伊金、尼·萨布诺夫、弗·梅耶荷德和伊·萨茨……

实际上,普洛宁本人当时正处在生活无着的境地,但即便如此,他仍然充满了幻想,脑瓜里装着各种各样的奇思妙想,全身散发着仿佛取之不竭的热情和朝气。他中等个子,脸庞不大,略带女性味,时常挂着愉快的笑容,眼睛里有一种特别的神采,仿佛拥有在顷刻间就可以引发人们的伤感或喜悦的能力。

他的朋友、著名演员姆盖布洛夫回忆道:

> 在这个人的身上,幻想层出不穷,仿佛蜂巢里的蜜蜂一样:数不清的计划、设想,以一种动人的节奏环绕着他。这种节奏能够抓住所有人,抓住每个见过普洛宁的

人,而每个人,只要接受过他的微笑和致意的人,就不可能离开他。他把您向自身吸引过去……通过他,您可以结识数十个优秀的人物……

在从朋友和同乡那里筹措到最初一笔资金以后,普洛宁便着手将它付诸实现。1911年12月31日,适逢除夕之夜的庆典,"野狗"俱乐部酒吧正式营业。酒吧开张的那一天,诗人克尼亚泽夫还写了一首《野狗颂》,配上乐队在酒吧里诵唱:

> 第二重院子有个地下室,
> 那里是野狗舒适的窝。
> 来到这里的每个人呀,
> 都是一条四处流浪的狗。
> 能够钻进这个地下室,
> 多么骄傲,多么荣耀!
> 哇呜!
> 院子里寒冷,雪花飞溅,
> 可我们不再惧怕!
> 野狗在地下室里取暖,
> 全身啊热乎乎。
> 没有棍棒将我们追打,
> 跳蚤也不来噬咬我们!
> 哇呜!

我们吠叫，冲着地下室
大声歌唱野狗颂！
鼻子朝天，去它的愁闷，
衣食无忧的生活！
我们吠叫，高唱野狗颂，
让所有的愁闷见鬼去！
哇呜！

"野狗"俱乐部的地址在彼得堡的米哈依洛夫广场和意大利街的衔接处，那个单元门的第二重院子里，毗邻米哈依洛夫剧院。酒吧实际位于地下室，来宾首先得通过一段又窄又陡的楼梯，楼梯边挂着一盏暗淡的红灯，下楼以后，就来到一个非常狭小的存衣室，从那里走入酒吧，入口处搁着一张写字台，上面摆了一本蓝色猪皮面的签名册，里面有来客们的地址、留言、作品和画作。正对着入口是一个大壁炉，往右一拐就是小舞台，旁边有一架大钢琴。酒吧的正厅面积不大，大约能够容纳四五十人，如果哪一天超过了六十人，就会显得异常拥挤。厅里摆放着一些瘸腿的桌子和草编的长凳，一把破旧的电扇发出嘈杂的"嗡嗡"声。"野狗"的常客是一些思想比较前卫的艺术家和诗人，他们的奇装异服与酒吧里的壁画相映成趣，构成了一幅斑斓的景象。酒吧里没有服务员，客人们自己到柜台前去购买葡萄酒和小点心，愿意坐哪里就坐哪里，想蹲在楼梯上待一会儿就待一会儿，而且可以随意地把盘子爱放哪儿就放哪儿……他们喝酒、唱歌、跳舞、吟诗,偶尔也会上演一些短剧,挥霍充沛的精力,享受着狂欢节式的快乐。

作为酒吧的创办者和经理人,普洛宁极其喜欢并且善于交往,他属于中国人通常所称的"自来熟"的一类人。格·伊万诺夫在《彼得堡的冬天》一书中描述道:

> 普洛宁对所有人都以"你"相称。"你好",在"野狗"俱乐部的门口,他会拥抱突然碰见的随便什么人。"好久不见了,你过得怎么样?快进去吧,我们的人(在空中做了一个很大的手势)都在那里……"首次来到"野狗"俱乐部的人受到这样的待遇,就会感到有点吃惊甚至为此而感动。他们会不安地看看四周:"我新来乍到,可能是被认作别的什么人了。"可是,普洛宁此刻已经走远了。倘若有人问普洛宁:"你刚才是在同谁打招呼啊?""同谁?"他笑嘻嘻地说道,"鬼才知道。一个下贱的人!"

在普洛宁的口中,"下贱的人"并不带有侮辱性质,仅仅是他的口头禅而已。所以,"他拥抱随便碰到的什么人,并不是抱有什么企图,而是由于他那充沛的精力"。

在"野狗"俱乐部,阿赫玛托娃从来都不会孤单,身边总会有一圈她的朋友们、仰慕者、暗恋者,以及一部分附庸风雅的阔太太们。通常,她的肩膀上搭着一块玫瑰红的披巾,穿着高腰的丝裙,大部分时间紧靠壁炉,端坐在那里,桌上放一杯不加奶的纯咖啡,神色凝重而高傲,纤巧的手指夹着一根香烟，不时发出几声咳嗽，冷静地观望喧闹的人们。偶尔，她也会站起身来，伴随着音乐的节奏，忘情地舞动四肢，自我放松一下。事后，她以夸张的笔触写道：

> 这里，我们全是酒鬼和荡妇，
> 我们在一起多么郁闷！
> 连壁画上的鲜花和小鸟
> 也在思念流动的云彩。
>
> 你抽着一管黑色的烟斗，
> 缭绕的烟雾那样神奇。
> 我穿着狭窄的衬裙，
> 让身材显得更加俏丽。
>
> 几扇小窗永远被钉死，
> 是担心雾凇，抑或是雷电？
> 你那机敏的眼睛
> 如同一对警惕的猫眼。
>
> 啊，我的心多么忧伤！
> 莫非在等待死期的来临？
> 那个如今正在跳舞的女人，
> 她命中注定要下地狱。

这首诗的背景就是"野狗"俱乐部,它像一幅素描似的为诗人们的夜生活进行了逼真的描述。阿赫玛托娃自己认为,作品"写的是寂寞而喜欢想入非非的女孩"。诗中那个"跳舞的女人",据同时代人的回忆,是指巴拉达·奥丽波夫娜·波戈丹诺娃—别尔斯卡娅,她是当时彼得堡最光彩照人的美女之一,喜欢诗歌和戏剧。据说,"倘若说索莫夫、贝诺阿在自己的艺术中重现了18世纪,那么,她在自己的个人生活中重复了它","她非常美丽,但不是那种无可争议的美,——而是不可重复的美"。

与巴拉达齐名的另一位美女是奥尔加·格列波娃—苏杰伊金娜,她是画家谢尔盖·苏杰伊金的妻子,与阿赫玛托娃的交往非常密切。苏杰伊金娜也是一位著名的演员、舞蹈家,她仿佛出自雷诺阿的作品,像一条银白的美人鱼,在酒吧幽暗的灯光下,闪烁着神秘的美。而正是这种美曾引发了情敌们之间的不少决斗和自杀事件。前述《野狗颂》的作者克尼亚泽夫通过巴拉达的引见,认识了美貌的苏杰伊金娜,很快对她产生了炽热的爱情,与她在"戏剧之家"约会,观看她的演出,一起在"野狗"俱乐部里共度缠绵的时光。不过,克尼亚泽夫并不是苏杰伊金娜情感生活中的唯一,她一直游戏在众多的追求者中间,并且乐此不疲。而在这些追求者中间,甚至还有当时如日中天的诗人勃洛克。这使得克尼亚泽夫痛苦不堪。1913年3月29日,在俄国里加的教会大街上,他用一把勃朗宁手枪对准自己的胸口开了一枪……

4月9日,这一噩耗传到了"野狗"俱乐部。那天,适逢罗曼诺夫的一个小剧《山羊腿之舞》上演，苏杰伊金娜在其中扮演了一个重要角色。她那疯狂的舞姿，激情四溢的表演，仿佛给这则悲剧性的故事添加了一个醒目的注释。数天后，克尼亚泽夫的遗体被运回彼得堡，安葬在斯摩棱斯克公墓。在葬礼上，他的母亲满怀怨恨地盯着苏杰伊金娜说道："上帝会惩罚那些让他如此痛苦的人。"年轻诗人的死讯给"野狗"俱乐部罩上了一层浓重的阴影。亲友们收集了他的诗歌，在第二年出版了一本诗集。他的很多作品的手稿保留在苏杰伊金娜的保险柜里。1924 年，苏杰伊金娜在离开俄罗斯之前，把这些手稿存放到了自己的密友阿赫玛托娃那里。28 年后，这些发黄了的纸片激发了阿赫玛托娃创作出一首出色的长诗《没有主人公的叙事诗》。在《第一献辞》中，她写道：

> ……因为我的纸张不够了，
> 我就在你的手稿上书写。
> 于是，别的词句缓缓渗出，
> 仿佛当年手掌上的雪花，
> 轻信而无辜地融化。
> 安基诺那两道浓黑的睫毛
> 突然扬起——那里，一缕青烟，
> 轻轻拂动故乡的微风……
> 难道不是大海吗？
> 　　不，这不过是坟墓上的
> 针叶枝，在翻腾的飞沫里，

越来越近,越来越近……

哀乐……

肖邦……

作品带着一种感伤的基调,回到了20世纪初的彼得堡,回到人生"假面舞会"的发生地——"野狗"俱乐部……

除"诗人车间"的成员以外,"野狗"俱乐部还吸引了相当一部分未来主义的诗人,赫列勃尼科夫、谢维里亚宁、利夫什茨、布尔柳克兄弟、卡缅斯基、叶莲娜·古罗等,都是这里的常客。马雅可夫斯基也不时地从莫斯科赶来,用他的超级"大嗓门"在这里朗诵他的作品,其中包括《穿裤子的云》、《给你们》和《晨》:

阴郁的雨乜斜着眼睛。
而在
思想的
电缆
清晰的网络背后——
是一床羽绒毯。
星星
正
起床
双脚轻松地踩着毯子。
可是

戴着煤气王冠的
皇帝
和路灯一起
毁
灭
对眼睛而言
更为病态的是
一群满怀敌意的街头妓女
花枝招展
打情骂俏
刺耳的浪笑——
从黄色的
毒玫瑰丛中
弯弯曲曲
长出。……

马雅可夫斯基的作品意象怪诞，用词犀利，节奏铿锵，其风格和基调迥异于此前人们熟悉的浪漫主义诗歌，乃至象征主义诗歌，在某种程度上，它们甚至冲击了库兹明、古米廖夫等诗人的唯美主义艺术趣味，给人以耳目一新的印象，因此，赢得了在场不少听众的掌声。批评家什克洛夫斯基回忆，马雅可夫斯基的朗诵所激起的反响，是其平生仅见的，他甚至赢得了女人们对他的狂热呼喊。当然，与洋溢的诗歌天才和杰出的朗诵才能相匹配，他狂放不羁的性格也同时在酒吧里有所体现。

有一次,阿赫玛托娃朗诵完自己的新作以后,马雅可夫斯基竟然抢步上前,近乎粗鲁地握紧了她的手,放肆地叫嚷起来:"大家来看呐,多可爱的小手,天啊!"

阿赫玛托娃原本就不习惯在公众场合抛头露面,这下子显得更窘迫了。她急忙甩开对方那只熊掌似的大手,回到了自己的座位上,把马雅可夫斯基晾在了当场。

在"野狗"俱乐部里,与阿赫玛托娃交情最好的诗人当数曼杰什坦姆和洛津斯基。他们都是"诗人车间"的成员。

曼杰什坦姆是20世纪最具世界影响的俄罗斯诗人之一,曾被别雷称为"诗人中的诗人",其诗歌写作肇始于阿克梅主义萌生阶段,于30年代末的"大清洗"时期达到高峰,最终以其在远东海参崴的集中营里悲剧性的死亡而结束。他的作品喜欢混融各种文化的积淀层,然后再予以重新间隔,按照时间和空间的划分,系统地研究和探索它们深层的联系,通过对历史、神话的朦胧回忆,来领悟现实的生活,流露出强烈的悲剧意识,具有新古典主义的风格。他的诗歌中所流露的这些综合性品质,使他的名字越出了国界,成为与艾略特、里尔克、瓦雷里和叶芝等世界级大师并肩的人物。当时,阿赫玛托娃就非常看重曼杰什坦姆,她认为,在整个阿克梅派诗人群中,他堪称"诗歌第一人"。

在我们的生活中,有的人属于那种"天生的诗人",曼杰什坦姆大概可以归类于其中。他其貌不扬,身体瘦弱,脖子细小,却有一颗不很相称的大脑袋和一对招风耳。至于他的性格，似乎集中了作为一名诗人的各种优缺点，单纯、敏感、坦诚、傲慢、自大，有时甚至还会表现出一定程度的自私。他在生活中完全像一个任性的、瞎折腾的孩子，其行为极其冒失和轻率。哪怕在极端困难的条件下生活，没有食品，没有鞋子，他依然会幻想享受人们的爱戴和崇拜。和许多天才诗人相似，平时，他似乎整天都沉溺于一些琐碎的小事，但只要一涉及诗歌，马上就会显露出诗人的本色。他虔诚地膜拜艺术，具有敏锐的判断力，知识渊博，经常忘我地工作，并且善于在充满激情的状态下控制语词，使作品荡漾着神秘的音乐性。

1911年，在维雅·伊万诺夫的沙龙里，曼杰什坦姆与古米廖夫和阿赫玛托娃初次相识，他很快就折服于阿赫玛托娃天使般高贵的气质，不顾对方已是有夫之妇的事实，大献殷勤，将阿赫玛托娃比作法国剧作家拉辛笔下的费德拉。不知是记忆有误，还是仅仅为了凑韵，他在献给阿赫玛托娃的诗中随意地写下了一句"下毒者费德拉"。结果，他受到了洛津斯基的质询："怎么会是下毒者费德拉呢？我告诉你，费德拉可没毒死过任何人，无论是埃司库罗斯的费德拉，还是拉辛的费德拉。"曼杰什坦姆感到非常窘迫，觉得自己犯下了极其低级的错误。第二天，他马上修改了自己的作品，将那个单词改作"愤怒的费德拉"，经过修改后的作品如下：

  侧过身子，——哦，悲哀！——
  瞥一眼冷漠的人群。

那条伪古典主义的披肩
从肩膀上滑落,变成了石头。

不祥的嗓音,——苦涩的醉意——
锤击着灵魂的深处:
——愤怒的费德拉——拉莎丽
曾经就这样站立着。

  拉莎丽是一名法国女演员,以扮演拉辛的悲剧《费德拉》而著名。"苦涩的醉意"则呼应着阿赫玛托娃的诗句:"你像一个小麦管似地吮吸我的灵魂,那味道苦涩而迷醉。"1913年,他的处女诗集《石头》出版,该诗集被认为是开风气之先的作品,这使他在诗坛上赢得极大的声誉。拿到样书以后,他马上送了一本给阿赫玛托娃,并在扉页上题下了这样的辞句:"献给安娜·阿赫玛托娃——疯狂的理智的火花。作者。"

  在"诗人车间"里,洛津斯基以博学多才著称,他曾先后就读于彼得堡大学的法律系和哲学系,前者是为满足父亲的心愿,后者是顺从自己的天性。"诗人车间"成立不久,古米廖夫便建议《阿波罗》的主编马科夫斯基邀请洛津斯基担任秘书。他精通数门外语,办事认真、负责,对待朋友非常坦诚、仗义,经常不辞辛劳地为朋友们的书稿担任义务校对,并不厌其烦地订正讹误。有一次,洛津斯基帮助阿赫玛托娃校对诗集《念珠》的清样,阿赫玛托娃因为一些正字法的问题而不耐烦,耍起了小性子。洛津斯基便耐心地规劝道:"您这么做了，别人也会学样的，最好还是别损害俄语吧。"阿赫玛托娃觉得有点不好意思了，便认真地更正了其中的错误。

十月革命以后，洛津斯基在高尔基领导下的世界文学出版社担任编辑，开始了系统的文学翻译工作。在饥饿的20年代，洛津斯基和他的妻子饿得几乎站立不住，由于营养不良，他浑身长满了疖子，但他们的孩子却是白白胖胖的，照管孩子的保姆也同样是胖乎乎的，满面泛着红光。1946年，他因从意大利文翻译了但丁的《神曲》荣获了苏联国家文学奖。1955年1月31日，洛津斯基病逝，应验了他自己在20年代初的诗歌预言："可怕地化作一堆灰烬。"他的妻子在获知其没有了救治的希望后，在前一天服下了毒药，实现了"不能同年同月同日生，但愿同年同月同日死"的愿望。多年以后，阿赫玛托娃在经过基洛夫大街上他的原住房时，仍然会默默地念叨："他曾在这儿住过，现在他住在了解他、并且永远铭记他的人们的内心，因为，善良、高尚和宽容是永远不会被遗忘的。"

在第一次世界大战爆发以前，"野狗"俱乐部一度成了俄罗斯先锋艺术和文学的总部，它的名声甚至吸引了国外的一些现代派诗人，如意大利的马利内蒂、比利时的凡尔哈伦和法国的"诗歌王子"保罗·福尔。按照惯例，福尔在酒吧进行诗歌朗诵和主题讲演，他在讲演中高度评价了"野狗"俱乐部在俄罗斯文化发展中所起的作用，并且认为它如果能够突破地域性的限制，到巴黎去开张，也能在林林总总的艺术酒吧中拔得头筹。

"野狗"俱乐部在为俄罗斯文化的前卫性造势的同时,也竭力吸引文化界的耆宿和知名人士,这其中就有歌颂"光和太阳"的象征派大诗人巴尔蒙特。在 20 世纪初,巴尔蒙特可谓是如日中天,因其诗作中华丽诡谲的音乐性所带来的魔幻效果,巴尔蒙特又被誉为"诗坛上的帕格尼尼"(帕格尼尼是意大利著名音乐家,小提琴演奏大师。据传,他曾用小提琴上的一根琴弦进行过成功的演奏)。在各个朗诵会上和艺术沙龙里,人们交口传诵着他的一些名篇,如《我来到这世界》《我们将像太阳一样》《我是自由的风》《苦闷之舟》等:

"我来到这世界,为的是看看太阳
　　和蓝色的大海。
我来到这世界,为的是看看太阳
　　和高山的峰巅。
我来到这世界,为的是看看海洋
　　和峡谷华丽的颜色……"

"我们将像太阳一样,永远——年轻,
去温柔地爱抚火红的花瓣,
透明的空气和金色的一切。
…………
我们将像太阳一样,太阳——永远年轻,
这里面珍藏着美的遗言!"

1914年，巴尔蒙特应邀到访。他的现身被认为是彼得堡诗歌界的大事，其新闻价值几乎能赶上第一次世界大战的爆发。有关他莅临"野狗"俱乐部的海报贴出不久，便让那些经常出没在文化沙龙里的名媛闺秀激动不已，她们奔走相告，相互传达对这位"诗歌之王"的倾慕。当巴尔蒙特走进"野狗"酒吧那幽暗的门厅时，引起了不小的骚动："呵，来了，来了！"

据说，当时有一位他的崇拜者抑止不住自己的爱意，走到他跟前，以热烈的语调对他说，她愿意为他而死："您愿意我从窗口跳出去吗？愿意吗？只要您吩咐一声，我马上就跳。"

闻听此言，巴尔蒙特略带调侃地说道："可惜这儿的窗子不够高啊，不然的话……"当然，在这间地下室酒吧里，跳窗的事件只能中止于对话中。

阿赫玛托娃也希望从这位诗坛耆宿那里获得肯定的评价。她在现场朗诵了一首诗歌，并如愿以偿地得到巴尔蒙特的称许。事后，她激动地对诗人、幽默小说家苔菲说："我见到他了，我还给他朗诵了我的诗歌。他说，迄今为止，他只承认两个女诗人——萨福和米拉·洛赫维茨卡娅。现在，他认识了第三位女诗人——安娜·阿赫玛托娃。"米拉·洛赫维茨卡娅是苔菲的姐姐，美丽而极富才情，当时有"俄罗斯的萨福"的美誉，一度与巴尔蒙特过从甚密，两人之间有不少酬唱应和的作品。她的创作体现了俄罗斯浪漫主义向现代主义的过渡，题材主要为爱情和友谊，但境界开阔，节奏紧张，擅用象征和比喻，其作品以擅写宗教般强烈的情感而驰名当时的俄罗斯诗坛。无疑,巴尔蒙特的鼓励是及时的,它在某种程度上充当了助力器的作用。

1915年3月,沙俄警察查封了这家酒吧。

但是,在很多人的心目中,"野狗"俱乐部的历史永远不会被抹煞。若干年以后,巴黎的流亡诗人还为此举行过"追悼仪式",以"野狗"酒吧为题材创作小喜剧和诗歌作品,期望在异国他乡让它复活在忆旧和追思中。

第四章
美多么可怕

在俄罗斯的文坛逸闻中，曾经流传过勃洛克与阿赫玛托娃之间的恋爱故事。这令阿赫玛托娃觉得十分无聊，尽管前者确实是她少女时代的诗歌偶像。关于勃洛克，格·伊万诺夫的评价如下：他是"一位北方美男子，有一张吟唱诗人的脸，漂亮的鬈发，穿着雅致的丝绒外套，白衬衣柔软的领子敞开着"；他"是诗人中间最超尘脱俗的一个"，"一个心灵无比纯洁的人，他与卑劣是相互排斥的两个概念"，他"具有神奇的天赋，他善良、豁达，对待生活、对待他人和对待自己都极端的真诚。勃洛克是带着'被剥去的皮肤'，带着对不公正、痛苦和恶的极度的敏感来到人世的。作为与'可怕的世界'及其'尘世的琐碎杂事'的对立,他从青年时代起就期盼着有一种带来解脱的革命,他像相信现实的东西一样相信这个理想。"

在格·伊万诺夫看来,勃洛克是一名十分纯粹的诗人,他与阿赫玛托娃的丈夫古米廖夫相比,"在诗歌创作、趣味爱好、世界观、政治观点、外表服饰……可以说,在各个方面是截然不同的两个人。勃洛克的诗歌透出一种朦胧的光华,古米廖夫的诗作确切、明晰、完美。"

"白银时代"的另一位重要诗人霍达谢维奇也表述了相似的观点:"再也找不出两个像他俩那样迥然不同的人了","对勃洛克来说,他的诗歌是最重要的、真实的精神的功勋,它与生命融为一体、密不可分。而对于古米廖夫,诗歌则只不过是文学创作的一种形式。勃洛克永远都是诗人,他一生中每时每刻都是。古米廖夫——只有在写诗的时候才是诗人"。

这样的两个人,要想达成真正的相互理解自然是不可能的,他们的对立和冲突在所难免。事实也是如此,相悖的气质,不同的世界观,对立的文学任务,酿成了他们内心深处的相互敌视。1921年,勃洛克为《文学报》的创刊号写了一篇文章《没有神性,没有灵感》,文章的题目取自普希金的诗句,他抨击阿克梅主义,率直地指责他们的理论"荒谬透顶","远离了新时代的精神","没有任何自己的'狂飙突进',而是舶来的'洋玩意儿'",其代表诗人的作品矫揉造作、空洞浮夸。勃洛克的批评虽说不无真知灼见,但明显带有一点个人的意气用事在里面,其指责有很大的偏激成分。不过,在这篇文章中，他凭借自己敏锐的艺术感觉，认为在这群宣称"革新"的诗人中，阿赫玛托娃是"唯一的例外"。

1913年秋天，别斯图热夫学院召开一个晚会，欢迎比利时诗人凡尔哈伦。阿赫玛托娃和勃洛克都被邀请作为嘉宾出席，并为学生朗诵诗歌。在休息室里，阿赫玛托娃遇到了勃洛克。在交谈中，主持人前来告诉她，她被安排在勃洛克之后进行朗诵，这使阿赫玛托娃有点儿忐忑不安，便对勃洛克说道："亚历山大·亚历山德罗维奇，在您朗诵之后，我还怎么朗诵啊？"

勃洛克闻听此言，亲切而又略带责怪地说道："安娜·安德烈耶夫娜，您怕什么？我们又不是什么男高音！"

后来，临到阿赫玛托娃出场时，勃洛克建议她朗诵《这里，我们全是酒鬼和荡妇》，她拒绝道："那不行，如果我念到'我穿上狭窄的衬裙'时，人们会哄堂大笑的。"

他随即回答说："当我念到'酒鬼瞪着兔子似的眼睛'时，人们也哄堂大笑。"

谈及面对前辈时创作的焦虑，阿赫玛托娃在一则回忆性的札记中写道：有一次，她向勃洛克转述未来派诗人利夫什茨的话，后者认为勃洛克用他自己的存在，妨碍了他利夫什茨的诗歌写作。勃洛克听后沉吟了一会儿，认真地说道："这个我懂，我的前面还有一个列夫·托尔斯泰呢。"

这年年底的一个星期天，阿赫玛托娃带了几本勃洛克的诗集，前去拜访这位诗坛前辈。勃洛克当时住在军官街（后改名为十二月党人街）五十七号楼里，他热情地接待了来访的客人，在每本书上签下了自己的名字，并即兴题写了一首诗，赠送给阿赫玛托娃，里面有这样的诗句：

> "美多么可怕"，他们这样说，——
> 你就把西班牙的纱巾
> 懒洋洋地搭在肩膀上，
> 把红色的玫瑰别在发髻上。

其时，勃洛克正迷恋歌剧演员亚·德尔玛斯，她在比才的歌剧《卡门》中担任主角。勃洛克曾为她的表演写下了一首组诗《卡门》，声称自己是卡门众多的崇拜者之一，在雷鸣般的掌声中，默默地凝视那柔韧的腰肢，从中窥见了创造的梦幻。或许正是这个缘故，勃洛克在题赠给阿赫玛托娃的诗歌中，将她也西班牙化了，诗歌的形式也运用的是西班牙的罗曼采罗诗节，尽管阿赫玛托娃从来没有披过西班牙的纱巾，也从来没有在发髻上簪过红玫瑰。据说，受自己那首诗歌的暗示性影响，1921年春，当勃洛克在马林斯基大剧院里最后一次见到阿赫玛托娃时，他竟然还问道："西班牙纱巾到哪里去了？"

从勃洛克家回来以后，阿赫玛托娃非常激动，在难以抑止的情感驱使下，写了一首诗，回赠给他：

> 我来到诗人家里做客。
> 恰好是正午，星期天。

宽敞的屋子十分安静，
而窗外是彻骨的寒冷，

在蓬松的瓦灰色烟雾之上，
一轮殷红的太阳……
沉默寡言的主人，
目光炯炯地把我端详！

他有一双怎样的眼睛啊，
让人永远无法忘怀，
我呀，最好还是小心点，
根本不要去看它们。

可是，谈话却铭感于心，
雾蒙蒙的正午，星期天，
在高耸的灰房子里，
濒临涅瓦河的出海口。

也许是诗中表现出的那种仰慕之情，在以讹传讹的过程中，被传播者渲染出了一段莫须有的恋情。

1914年夏天，阿赫玛托娃到基辅去探望自己的母亲。取道莫斯科回斯列普涅沃时，她乘坐的是一辆邮车。在工人们装卸邮包的间隙中，阿赫玛托娃站在车厢的平台上抽烟。这时，勃洛克突然出现在她面前的站台上，令她感到十分诧异。

阿赫玛托娃兴奋地喊道:"亚历山大·亚历山德罗维奇!"
"您和谁同行?"勃洛克回头一看,惊喜地问道。

她只来得及回答一声:"一个人。"火车就开动了。多年以后,阿赫玛托娃从勃洛克的《札记本》中读到,"我和妈妈到彼特索尔涅茨纳参观疗养院——鬼才知道怎么回事——阿赫玛托娃竟然在邮车上"。《札记本》写下的日期是1914年7月9日。

这次邂逅不久,俄国向德奥宣战,卷入第一次世界大战。该年的8月5日,阿赫玛托娃与古米廖夫在皇村火车站恰好遇见了勃洛克。当时,古米廖夫已穿上军装,准备奔赴前线。勃洛克也应征为预备役军人,正在慰问那些走上前线的军人的家属。这让向来喜好冒险的古米廖夫感慨无限。他们三人在车站附近的一家小餐馆共进了午餐。饭后,在目送勃洛克离去的背影时,古米廖夫不由得对自己的妻子说:"唉,难道还得让他去当兵?这无异于把夜莺扔到油锅里去炸!"

就私心而言,古米廖夫不喜欢勃洛克,无法接受后者隐秘的精神内涵,非常排斥他创作中那种浓厚的神秘主义色彩,但他拥有出色的文学品味,这使他依然保存了对一名真正的诗人的认可。

1946年,在一个纪念勃洛克的晚会上,阿赫玛托娃朗诵了一首新作,再次向这位纯洁、温柔的诗人致敬:

他是对的——街灯,药房,
涅瓦河,沉默,花岗岩……

这个人就矗立在那里，

仿佛一座世纪初的纪念碑。

在阿赫玛托娃的心目中，勃洛克相当于是20世纪的普希金。

> 彼得堡院子里的喧嚣声。首先，这是劈柴扔到地下室的声音。流浪艺人（"唱吧，小燕子，唱吧，给心灵以安慰"），磨刀师傅（"磨刀啦磨刀"），鞣靴人的旧货商（"长袍啊长袍"）。镀锡工人。"快来买维堡的小甜面包。"在院子里水井的四周震荡着。
>
> 屋顶上炊烟袅袅。彼得堡生产的荷兰炉子。彼得堡的壁炉——从廉价市场上买来的。严寒中的彼得堡大火。被城市的喧嚣压低了的钟声。总会令人想起绞刑架的鼓点声。雪橇在石拱桥上撞击桥墩的声音，而今这石拱桥已不再拱起。岛上的最后一条支流总让我想起日本的版画。马的嘴脸几乎就在你的肩膀上冻成了冰棱。下雨时节，四轮轻便马车上的皮革被淋湿了，发出一股特殊的气味。在这种环境下，我写下了《念珠》中近乎全部的作品，而在家里我只是记录打好了腹稿的诗歌……

从上面这一段自述中，我们可以看出，阿赫玛托娃生活得并不如意。日常生活的尘嚣和情感生活的空虚构成了双重的压力，而"野狗"俱乐部在地下室里的短暂狂欢，不仅抹煞不了现实的悲剧性，有时反而加剧了内心的焦虑。这使得她的诗歌由此前的伤感更进一步向深层的悲怆靠近。

《念珠》出版于 1914 年 3 月，共收入诗作五十二首。第一版的印数为一千一百册。《念珠》的问世有点儿生不逢时，第一次世界大战爆发，使得"一个莺声初啼的作者的一本小小的爱情诗集淹没在了世界性的事件之中"了。当时，报刊上也发表了几篇评论，其中以涅多布罗沃的一个长篇论文最为重要，文章肯定了诗人"无可争议的才华"，认为她是普希金传统的最理想的继承人，并且由于作者极富"创造性的劳动"，"一个阿赫玛托娃流派的迹象已经产生，而它的奠基者已表现出了牢固的、确切的光荣"。他准确地指出："抒情的灵魂与其说是过分温顺的，不如说是坚硬的；与其说是泪水涟涟的，不如说是残酷的，而且，这颗灵魂明显地占据着控制地位，而非被压抑住的。"

对于涅多布罗沃的肯定，阿赫玛托娃一直心存感激。在自述性的札记中，她以与他对话的口吻谈到《没有主人公的叙事诗》："这部叙事诗的四分之三是属于你的，正如我本人的四分之三是由你造就的一样，虽然，我只是把你放进了一则抒情的插叙中。"至于涅多布罗沃因钦佩而对她产生的爱慕之情，阿赫玛托娃则无法予以回报，在其后的一首诗中，她怀着内疚的心情这样写道：

在人们的亲近中存在隐秘的界限，
爱慕和激情也不能将它跨越，——

哪怕嘴唇在不安的寂静里相互融合,
哪怕心灵由于爱情而一片片碎裂。

友谊在此软弱无力,崇高
与炽热的幸福填充了岁月,
灵魂是自由的,不懂得
情欲那迟缓的慵懒。

它的追求者丧失理智,而它的
占有者却因此苦恼不堪……
如今,你该明白,为什么
我的心脏不在你的手掌下跳动。

即便遭遇了这样一个不利的时机,诗集的上市仍然受到了读者的热烈欢迎。不到一年,诗集全部销售一空。尽管是战争期间,却在不到两年的时间里再版了三次。到了1923年,这本诗集已经印行了八版。更让诗人惊喜的是,当时还兴起了以《念珠》的作品"接龙"的游戏,由一个人起头,先朗诵诗集中某首诗的前几行,另一个人则必须接着念下去,然后,再由下一个人继续接。令阿赫玛托娃惊喜的是,激进的革命者也喜欢这本诗集。有一天,《北方纪事》的出版人邀请她前去做客。阿赫玛托娃穿着一件天蓝色的连衣裙赴约。那天,聚集了很多来宾。半夜时分,大部分人都已离去,另外一小部分人则留了下来,被引到了饭厅。阿赫玛托娃发现,那儿摆了一桌丰盛的宴席。这时她才明白,宴席是为刚出狱的几位民意党人接风而设的。席中,一位民意党人声称:"如果有人送我一册《念珠》,我愿意在狱中呆一段时间,有如我俩面对面。"这番话让诗人既自豪又恐惧。

在《我学会了简单而明智地生活》一诗中,阿赫玛托娃抒发了自己对生活的感恩之情,她歌唱美丽而易朽的生活:

> 我回家。毛茸茸的猫儿舔着
> 我的手掌,温顺地喵喵叫,
> 灿烂如火的晚霞映照
> 湖畔小锯木厂的瞭望塔。
>
> 偶尔,一只鹳鸟飞上屋顶,
> 一声声鸣叫打破安静。
> 倘若你来叩击我的屋门,
> 恐怕我根本就听不清。

作者择取了"回家"后的生活场景,从猫儿温顺的"喵喵"叫触动诗弦,描写抒情主人公于生活细节中的体验,她从生活中的一声鸟鸣,湖畔的一座瞭望塔,黄昏时分的一抹晚霞,找到值得感动的情愫,以此表达了简单生活中的智慧。她如是感谢生活的恩惠,也坚强地面对生活的挫折。在另一首诗《受宠的女人总有百般要求》中,她写道:

受宠的女人总有百般的心愿！
被遗弃者不再有任何要求。
我多么快乐，今天的河水
覆盖了无色的薄冰，不再奔流。

上帝保佑！——我就站在
这薄冰上，透明而易碎，
而你要珍藏我的信件，
好让后人评判我们的情感。

你这聪明而勇敢的人儿，
它们会使你更清晰、明朗，
在你辉煌的履历中，
难道可以留下一大段空白？

尘世的饮料太过甜美，
爱情的罗网太过绵密。
有朝一日，但愿孩子们
在教科书中读到我的名字。

他们读懂了我悲凄的故事，
任凭他们嘴角露出讪笑……
既然得不到你的爱情和宁静，
那就赐予我痛苦的光荣。

这首诗的抒情主人公是一个不幸的失恋者,阿赫玛托娃舍弃了传统抒情诗的直抒胸臆的做法,把悲痛的心情冷静而克制地再现了出来,第一节以结冰的河水起兴,再作逆向式的递进,从而把失恋者那种既痛苦、忧伤,又倔强、高傲的心态十分微妙地表现了出来。

关于阿赫玛托娃的早期诗歌,苏联著名评论家阿·帕甫洛夫斯基有过很好的论述,他认为,"脆弱的阿赫玛托娃"的诗句深处,存在着"惊惶"和"恐惧",它们拉大了个人爱情事件的外延,使它抵达了具有共同意义的悲剧性。

阿赫玛托娃叙述了自己爱情生活的悲伤和犹豫,委屈和专横,风暴和荒漠——而且仅仅是自己的。她觉得是这样,她的同时代人也多半觉得是这样的。不过,我要再次说明,这种特殊的被称之为阿赫玛托娃式的语调毕竟常常会令他们难为情,因为这种语调暗示了一个伟大的故事,它比从人类重复阅读的、读不尽的、伟大的爱情之书里的故事更伟大。这种充满内心激情的言简意赅的自白是有深刻内在表现力的。这种沉默的诗篇,好像孤独、苦闷的心灵的无言忏悔,在看似违背了作者意愿般地叙述着自己的时代,因而成为了时代的文献。所有真正艺术的品格都是这样,如果它深刻而真实地给同时代人带来了即使只是属于自己时代的一个旋律。

与"白银时代"的很多诗人相似,阿赫玛托娃也写了一些有关"同面人"主题的作品,其中,《我来取代你,姐姐》显得尤为出色。

> 我来了,要取代你,姐姐,
> 在高窜的林中篝火旁。
>
> 你的头发花白,视力
> 下降,泪眼矇眬。
>
> 你已不再记得鸟儿的歌声,
> 你也不会发现星星和闪电。
>
> 早已不再听见铃鼓的击打,
> 而我知道,你害怕寂静。
>
> 你来了,要将我埋葬。
> 你的铁锹和铲子在哪里?
> 你的手中只有长笛。
> 我不会责怪你,
> 我的嗓音早已停息,
> 难道还值得惋惜?
>
> 请你穿上我的衣裳,
> 忘掉我的担忧,

让风儿拨弄起鬈发。
你散发着丁香一般的芬芳,
沿着险峻的道路走来,
为的是成为被照亮的那一个。

在这首诗里,作者改变了这一写作模式通常所展示的人格分裂的象征,而是以戏剧式的对话暗示着精神和肉体的搏斗,生与死的交替。一个来了,另一个去了,腾出了空位,但这个过程并不是直线的、按部就班的,而是"像一个瞎子,走在一条陌生而狭窄的小路上"。

帕甫洛夫斯基在自己的专著《安娜·阿赫玛托娃》中曾经指出过她的诗歌的"不稳定性"和"窒息感"。这种"不稳定性"和"窒息感"实际就来源于她的写作背景——社会的动荡和个人生活的艰难。《念珠》出版后不久,阿赫玛托娃到国外短暂旅游,在此期间,爆发了第一次世界大战。沙俄政府随即将带有很强的德国意味的彼得堡更名为彼得格勒。她在自述中记述了这个事件:

五月初,彼得堡的季节停顿下来,一切渐渐地分崩离析。这次与彼得堡的诀别遂成永恒。我们回到的已经不是彼得堡,而是彼得格勒了。从19世纪一下子进入20世纪,从城市的外貌开始,一切面目全非。

在阿赫玛托娃的札记中,她还表露过同样的观点:

与粗糙的第一个十年相比，接下来的那十年是集聚和匀整的年代。命运剪掉了下半期，放出了大量的鲜血（1914年的战争）……20世纪是在1914年秋天伴随着战争的爆发开始的，正如19世纪是伴随着维也纳会议开始的一样。日历上的日期并没有意义。

她在诗歌《纪念1914年7月19日》中写道：

我们衰老了一百年，这一切
就发生在一点钟：
短暂的夏天已经结束，
翻耕过的田野冒起了硝烟。……

第一次世界大战爆发不久，丈夫古米廖夫就报名参加了志愿军，把阿赫玛托娃留在斯列普涅沃的庄园里。独守空房，在阿赫玛托娃已不是第一次了，她像很多女人一样，忍受着寂寞、孤独，忍受着不安，甚至穷困，与幼小的儿子列夫相依为命。但是，与其他女人不一样的是，她善于通过自己的笔，通过与缪斯的沟通，来排解自己的忧伤、舒缓自己的焦虑：

就像未婚妻，每个黄昏
我都会收到一封信，
我给自己的朋友写回复，
一直到半夜三更。

"穿越茫茫黑夜路,
我到死神那里做客。
我心爱的人儿,请别
在世间对任何人作恶。"

一颗巨大的星星,
在两根树干的中间,
那样平静地答应
去实现那些个梦想。

正如诗中所写,战争期间,阿赫玛托娃与古米廖夫主要通过写信来表达各自的情感,阿赫玛托娃述说着生活的艰难,传递对他的牵挂和思念。古米廖夫则报告着战争的进程:

抬下来的伤员不少,与小说中描述的不一样,战士们的伤口很怪,不是伤在胸口或者头部,而是伤在脸上、手上和腿上。有一次,我们的一位枪骑兵刚跃上马背,一颗子弹就击中了他的马鞍。假如他的动作稍快一秒或稍慢一秒,中弹的就可能是他本人了。

有时,他也在信中谈论文学和诗歌,讲述自己在阅读阿赫玛托娃新作时的感受。古米廖夫越来越感觉到妻子在写作上的日趋成熟,认为她"不仅是俄罗斯的优秀女诗人,而且几乎称得上是伟大的诗人了"。

尽管古米廖夫越来越欣赏妻子的诗歌天才,但他仍然沉浸在英雄主义的幻想中间,认为自己并不是"一个沙文主义者",他在前线勇敢作战是为祖国建功立业。1916年春天,古米廖夫因表现出色而被晋升为准尉,并由原先的枪骑兵团调到亚历山大骠骑兵团。不过,与此同时,他所在部队的长官却警告他,以后不要再发表诗歌。

第五章
风儿像海妖一样在歌唱

古米廖夫天生喜欢追求刺激，身为丈夫却缺乏家庭的责任感，他在日常事务和艺术追求上的一意孤行，都给深闺少妇阿赫玛托娃带来了无尽的哀愁与烦恼。就在阿赫玛托娃内心情感最为空虚的时候，涅多布罗沃介绍她认识了一名马赛克镶嵌艺术家鲍里斯·安列普。

安列普出生于雅罗斯拉夫，比阿赫玛托娃年长六岁，他也经常写诗。第一次世界大战爆发后，安列普在爱国热情的驱使下，回国应召入伍。临出发前，他来到皇村向好友涅多布罗沃告别，借此机会见到了心仪已久的阿赫玛托娃。此前，在与涅多布罗沃的通信中，安列普就对女诗人美丽的容貌和出色的才情有所了解，这次会面更增强了他的爱慕之情。阿赫玛托娃对安列普纯正的艺术品味、文雅的举止、温柔的神情也颇有好感。不久，他俩就不由自主地擦燃了情感的火花：

这次相会没有人能吟唱，
而没有歌唱，悲伤也就平息。
清凉的夏天正在来临，
仿佛开始了一种新生活。

天空就如同石砌的拱顶，
被黄色的火光所灼伤，
我需要关于它的唯一的词，
甚至超过必须的面包。

你，给青草洒上点点露珠，
用新消息来激活我的灵魂，——
不是为了情欲，不是为了消遣，
而是为了尘世伟大的爱情。

1916年2月，安列普休假来到皇村。他前去看望阿赫玛托娃，把自己的一部诗稿交给了她，希望她能妥善地保存。阿赫玛托娃特意缝制了一个丝绸的小袋子，用来存放这部稿子，并保证会像对待圣物似的珍藏它。同时，安列普还送给阿赫玛托娃一个木质的十字架，这个十字架是他在一座坍塌了的教堂的祭坛上拣到的,他题了一首短诗,表示那是"作为友谊的标志"的赠礼。阿赫玛托娃心存感激地接受了这一礼物,并将它一直带在身边。她在诗中还有这样的记述:

> 我随身只带着十字架,那是
> 你的赠礼,在移情于你的那一天,
> 为了让艾蒿的草原更加繁茂,
> 风儿像海妖一样在歌唱。
>
> 它挂在空旷的墙壁上,
> 庇佑我摆脱痛苦的妄想,
> 我不再感到任何恐惧,
> ——哪怕在临终那一刻。

作为回赠,阿赫玛托娃送给了他一枚黑戒指。戒指是纯金打造的,外面镀了一层黑色的珐琅,珐琅的表层还镶嵌了一枚钻石。或许是受鞑靼血统的外祖母的影响,阿赫玛托娃一直喜欢那种式样的戒指,不论它是金铸的还是银制的,她都看作是幸福、平安的象征。当她送出这枚戒指时,自然有"投桃报李"的含意,也隐含了对即将奔赴前线的安列普的祝福和祈祷。安列普自然是如获至宝,他特意为它打造了一根金项链挂在胸前。这事后来被古米廖夫知道了,觉得受到了极大的侮辱,甚为震怒。据说,他当时就气急败坏地对阿赫玛托娃说道:"我要把你的手给剁下来,也送给他,让他知道,这是戒指附带的礼物。"

休假期满,安列普接到上级的命令赴英国伦敦执行公务。原定六个星期就可以返回俄国,但不知何故一直没能回来。阿赫玛托娃刚品尝到爱情的甜蜜,突然又得承受漫长的离别,她不能不觉得命运的残酷:

一切被夺走:力量,爱情。
在可厌的城市里,太阳不喜欢
被抛弃的身体。我觉得,体内的
血液已经完全变得冰冷。

我不了解快乐缪斯的性情:
她瞅了一眼,却默不出声,
神情疲惫,戴着深色花冠的
脑袋,低垂到我的前胸。

只有良心变得愈益恐怖地
疯狂:期盼伟大的奉献。
我捂住脸,我回答她……
但不再有泪水,不再有辩解。

在三角恋爱的漩涡中,阿赫玛托娃感觉到自己的软弱无力,她期盼爱情,期盼做一个能够爱人而又被人爱的女人。但生命中与她有密切关系的两个男人都不在身边。一切被夺走了,爱情似乎十分渺茫,良心在道德和情感之间徘徊,烘烤干了所有的泪水。但现实是如此残酷,她面对的太阳似乎总是冷冰冰的,根本溶解不了渗透在血液中的那些寒意。

1916年秋末,抑郁寡欢的阿赫玛托娃病倒了。医生的诊断是,她的肺结核病再度复发。这是一种曾经夺去了她的两个姐姐、一个妹妹和一个哥哥的疾病。自幼年起,阿赫玛托娃便生活在它的阴影里。经过一段时间的治疗,她被送到塞瓦斯托波尔的别尔别克河畔的一座疗养院继续疗养。凑巧,安列普的前妻尤尼娅就住在附近的一座别墅里,在得知这一消息后,阿赫玛托娃情不自禁地找到了她。出人意料的是,两个女人不仅没有通常的敌意,而且一见如故,马上成了好朋友,交谈得十分融洽。分别以后,阿赫玛托娃还写了一首诗题赠给尤尼娅:

我的命运难道就这样改变?
或者是游戏已经完成?
早晨五点多钟,才开始睡觉,
那样的冬日究竟在哪里?

按照新的方式,平静而刻板地,
我生活在荒凉的海滨。
我已不再去吐露
那些华美而多情的话语。

12月末,安列普又一次休假返回俄国,他希望阿赫玛托娃能够随他一起去英国。阿赫玛托娃则坚持留在祖国。价值观、生活方式与信仰的不同,使这对恋人的情感产生了不可弥合的裂缝。安列普只好怏怏地离去,赶回英国。此后,他俩便失去了联系。1965年,阿赫玛托娃被授予牛津大学的荣誉博士,途经巴黎,他们才匆匆在宾馆见了一面。但他们并没有重温鸳梦,也没有感受到憧憬已久的欢乐,只是像局外人似地叙述四十多年前的事情。安列普望着阿赫玛托娃的满头银丝,听着身体臃肿的她朗诵诗歌,只是在心底唏嘘不已。而在阿赫玛托娃的印象里,安列普就如同一个"木头人"。一对步入迟暮之年的昔日恋人都感受到了时光雕刻在彼此身上的残酷烙印。

令人叹息的是,阿赫玛托娃处在婚外恋的越轨痛苦的时刻,古米廖夫又开始了自己的"猎艳"游戏。自少年时代起,他便萌发了一个想法——恋爱是诗人的职业需要,并且固执地认为:"真正的男人应该有许多妻子,但真正的女人应该只有一个丈夫。"因此,他随时都可能迸发情感的火花,不断寻找"可爱的女子"。1916年7月,古米廖夫奉命来到巴黎,不久就被俄军司令部留下,任命他担任俄国驻西方联络处的秘书。在这里,他遇到了一名俄法混血的姑娘叶莲娜·尤布舍,把她称作"蓝色的星星",马上展开了追求的攻势。古米廖夫为叶莲娜写了一首又一首抒情诗,后来结集出版,书名就叫《蓝色的星星》。但是,落花有意,流水无情,叶莲娜最终并没有接受他的求爱信息,而是嫁给了一个美国人。古米廖夫

伤心不已,写下一首诗《我和您》:

> 我知道,我配不上您,
> 我来自另外一个国家,
> 我并不喜欢弹拨吉他,
> 却热衷于吹奏唢呐。

夫妇双方既然都已放弃了对爱情与婚姻的忠诚,正式决裂实际就是一个时间问题了。

对于阿赫玛托娃而言,1916年是个人生活经受重大波折的一年,但同时也是她早期的诗名达到某个高峰的一年。年初,《阿波罗》杂志刊登了一幅她的肖像画,作者是著名画家阿尔特曼。作品把她美丽的轮廓、高贵的气质和沉静的表情栩栩如生地描画了出来,它们配上那条著名的披肩,在当时的诗歌界和艺术界广为流传,并为以后的读者树立了"白银时代"的"月亮"诗人的形象。同年,批评家维克多·日尔蒙斯基发表文章《克服象征主义》,细致地分析了以古米廖夫、曼杰什坦姆和阿赫玛托娃等人为代表的阿克梅派诗人的创作,首次将阿克梅主义作为一个重要的文学现象加以肯定。在文章中,他还认定阿赫玛托娃的诗歌实践昭示了"年轻一代"的方向性写作。

从坎坷的个人生活中,阿赫玛托娃预感到世界性的灾难正在迫近。她像一个孤独的旅行者意外地闯进了沙漠一样,没有旅伴,也没有路标,偶尔极目望去,唯有旷远的黄沙与碧空而已。此刻如果不想就地倒下，就只能独自摸索。幸而，她手中掌握了一件强有力的工具——语言。于是，她力图通过诗歌来寻找生活的道路和命运的出口。在她看来，诗歌是尘世与天堂的纽带，而缪斯来到芸芸众生中间，以启示的方式引导他们走向天国：

缪斯沿着山道离开了，
那是秋天狭窄、陡峭的小路，
她黝黑的脚踝上
溅满了大颗大颗的露珠。

我久久地央求她，
和我一起等待冬天。
她却说道："要知道，这儿是坟墓，
你怎么能够自由地呼吸？"

我希望送她一只鸽子，
鸽群中最白的那一只，
但鸟儿自己飞起来，
追随我那美丽的客人。

我默默望着她的背影，
我仅仅爱她一个，
而天空浮现一片霞光，

仿佛通向她的王国的大门。

同时，她也更加关注诗歌艺术的内在奥秘，尤其是对语言的敏感。阿赫玛托娃清楚地知道，作为一名诗人，应该在使用中保存这份上帝的厚礼。为此，她写道：

> 我们失去语言的清新和情感的质朴，
> 便如同画家丧失了他的视力，
> 或者如同演员丧失了嗓音和动作，
> 如同美人儿丢失了她的美丽？！
>
> 不过，也无须竭力为自己储存
> 那一份上苍赐予的礼物：
> 我们自己应该明白——它注定
> 不是被积累，而是要被挥霍。
>
> 你应该独自前行，疗治盲人，
> 为的是在充满疑惑的沉重时辰，
> 辨认出中学生的幸灾乐祸
> 和普通百姓的冷漠无情。

诗歌运用了两个对比，指出各门类艺术在材质上的重要性。第四行"如同美人儿丢失了她的美丽"，跨出艺术的范畴，从生活中拈出一个例子，贴切而生动，更显示出作者在技术上的纯熟。第三节则强调诗人面对社会的道德感，他（她）的独立性，以及对生活的洞察力。它表明诗人已不再沉溺在一己的感伤故事里，而开始表露出对重塑人性的渴望，因此而有了伦理上的建设意义。

1917年初，阿赫玛托娃与古米廖夫的关系日趋恶化，她搬出了丈夫位于图奇科夫街的住宅，暂时寄居到中学时代的女友瓦列丽娅家。她在瓦列丽娅家住了近两年时间，直到1918年秋天，与第二个丈夫希列依科结婚时才离开。

与生活中的屡遭波折相映衬，此时的阿赫玛托娃在诗歌界的声誉已经如日中天。1917年9月，她出版了第三本诗集《白色的鸟群》。诗集收入了八十二首短诗和一首长诗《就在那大海边》，印数为两千册。阿赫玛托娃本人很重视这本诗集，她认为：

> 这个集子是在比《念珠》更困难的境况下出版的。……如果说《念珠》是迟到了的话，那么，《白色的鸟群》几乎是快散场时才匆匆赶到的。运输线中断——甚至都没法把书籍运到莫斯科，只能全部在彼得格勒就地出售。纸张十分粗糙——几乎跟硬纸板一样。杂志停刊，报纸也是如此。所以，与《念珠》不同的是，没有报刊帮助制造声势。饥饿与崩溃与日俱增。奇怪的是，而今人们根本不考虑那种境况，先入为主地认为，《白色的鸟群》不如《念珠》成功。

尽管处在比前两本诗集更不利的条件下，《白色的鸟群》

仍然赢得了一定的反响,在随后的五年中再版过三次。当时,有数位评论家撰写了文章,指出了阿赫玛托娃创作上的新气象,认为她对生活"有了深刻的新理解",其作品"已经接近人民的意识了"。确实,就写作技巧和思想深度而言,《白色的鸟群》是在以前的基础上跨出了一大步。这部诗集仍然围绕着作者熟悉的主题——爱情而抒写,它们倾诉着抒情主人公的忧伤、哀愁、困惑、内疚和忏悔,但同时已经漾入了更广阔的内容,祖国、土地、饥饿、贫困和战争等字眼越来越频繁地出现在她的诗歌词汇表里。对此,英国学者阿曼达·海曼有过极为深刻的理解,她在自己的博士论文中这样写道:

> 她对事件的反映一向极富个人色彩。她与大多数同胞一样,不十分理解战争的意义,而它的后果——同时代人的死亡——这一惨状却显而易见。因此,尽管《白色的鸟群》写于战争期间,它的主题依然是占据她创作主要地位的爱情题材。仍旧在为婚姻中失去的少女的纯真而忧郁,仍旧因爱人的残酷而哀怨。爱情在这里仿佛是一种需要用"失恋后冰一般的冷静"才能治愈的重病。诗集中有些作品是感叹被婚后生活磨蚀的爱情,另一些则描写伴侣对自己的背叛,但除此之外,还有三首诗以死亡为主题,部分原因是当时她正患着严重的结核病。死亡在诗中表现为一种美好的"绿色天堂",……又有近乎对生命中最重要的东西的理解,即勿对任何人施恶。

阿赫玛托娃的写作风格出现的这种微妙的变化，无疑与当时的现实有关。正是在 1917 年，俄国发生了两个重大事件：二月革命和十月革命。前一次革命，推翻了统治俄国长达三百年的罗曼诺夫王朝的沙皇统治，建立了过渡性的临时政府；后一次革命，建立了历史上第一个无产阶级政权。诚然，作为一名诗人，阿赫玛托娃并没有政治家的敏感，她对革命及其意义也缺乏了解，只是凭借着自己的本能来看待世界，看待周围发生的变化，在人道主义的框架内来调整个人的行为方式，因此，在流亡与否的问题上，她断然选择了留在国内和自己的人民与母语共呼吸。应该说，阿赫玛托娃的这种态度是极其真挚、极其朴素的，朴素得让人觉得，只有诗人才会作出那样的选择。

十月革命爆发前夕，阿赫玛托娃正住在女友瓦列丽娅那里。这一段时间，曼杰什坦姆经常去探望她，邀请她一起出席彼得格勒文化界组织的活动，参加诗歌朗诵会。有一次，他俩离开晚会，一起走在坑坑洼洼的街道上。

曼杰什坦姆突然问道："有很多人都到国外去了，您有没有这个打算呢？"

阿赫玛托娃感到非常诧异，她怔了一怔，语气坚定地回答："不！"

离开祖国，对于阿赫玛托娃而言，简直是不可思议的事情。当时，也有一些革命前就到了国外的朋友给她写信，劝说她出国。就在不久前，恋人安列普也曾对她提起过类似的想法，都被她拒绝了，尽管对于后者，她的内心深处是那么地眷恋,那么地渴望可以依赖,并为他写下了不少感情炽热的抒情诗。或许正是在这样的心境下,阿赫玛托娃写下了名篇《我听到一个声音》:

> 我听到一个声音。它低低呼唤我,
> 对我说:"到这儿来吧,
> 抛弃你荒凉和罪孽的故乡。
> 永远离开俄罗斯。
> 我会洗净你手上的血迹,
> 拔除你心底黑色的耻辱,
> 我将运用新的命名
> 来覆盖你失败和委屈的痛苦。"
>
> 但我根本无动于衷,
> 用双手捂住了耳朵,
> 免得那些卑劣的话语
> 来玷污我悲苦的精神。

这些诗句强烈地表达了阿赫玛托娃的爱国主义激情。她热爱祖国,热爱它的一切,哪怕别人将它看作是充满了耻辱和罪孽的穷乡僻壤。诗人决意与祖国共生死,和自己的人民站在一起,而不让那些"卑劣的话语"来玷污"悲苦的精神"。需要说明的是,这首诗在最初发表时,前面还有两小节:

那时,笼罩在自杀的忧念里,
人民等待着德国的客人,
而从俄罗斯的教堂里飞出了
拜占庭严酷的精神,

那时,依傍涅瓦河的首都,
忘却了自己的伟大,
如同一个醉醺醺的荡妇,
不知道是谁把她占有。

在其后出版的各种版本里,阿赫玛托娃删除了这两节,这自然有政治上的原因,她不想过度刺激当时严格的书刊审查官员。但另一方面,从艺术的角度看,这样的删节反倒更显得简洁而完整,它去除了作品芜杂、枝蔓的成分,使抒情主人公意欲表现的主题更为集中、更为内敛,同时也更具穿透力。

这首诗歌赢得了勃洛克的赞赏,它证实了他不久前在马林斯基大剧院的那一番演说,"绝不回避现实生活,绝不希图个人舒适,要尽可能全神贯注地正视现实——这是任何工作(其中包括我们的工作)成功的保证"。在一个晚会上,他高声朗诵道:"我听到一个声音。它低低呼唤我,/……但我根本无动于衷,/用双手捂住了耳朵,/免得那些卑劣的话语/来玷污我悲苦的精神。"话音刚落,他便对周围的人说道:"阿赫玛托娃是对的,这的确是'卑劣的话语',逃避俄国的革命是一个莫大的耻辱。"

1917年12月,批评家维戈茨基在《新生活报》上发表了一篇文章,他在文章中指出:

> 我们今天的诗坛存在两大阵营,两大流派。一派——试图恢复表达的精确性和艺术构造的完整性的传统,这在阿赫玛托娃的诗中得到了最好的体现。另一派——以未来主义为理论基础,现由马雅可夫斯基领导。当代的年轻诗人无论在多大程度上显示自己的创作个性,他们都自觉或不自觉地受这两大流派中某一派的影响。就像十五年前诗人们模仿巴尔蒙特的创作一样,今天他们模仿的不是阿赫玛托娃就是马雅可夫斯基。

这篇文章影响很大,它对阿赫玛托娃的创作给出了一个定位性的评价。一方面,作者敏锐地感觉到了阿赫玛托娃诗歌中的经典性元素,捕捉到了她与俄罗斯诗歌传统的内在联系;另一方面,文章也为她日后的遭遇埋下了一个暗礁。

第六章
爱情像烙铁和烈火

1917年10月革命以后,列宁领导的布尔什维克党在俄罗斯这片广袤的土地上取得了决定性的胜利。自此以后,直到1922年12月30日苏维埃共和国联盟的成立,苏联一直处在经济的恢复期,政治和文化生活也面临着整顿和重建的新契机。这样,革命前的诗人、作家的漂泊状态由此宣告结束,同时,昔日那种文化名士的夜生活也随即中止。在高尔基的倡仪下,经过教育人民委员卢纳察尔斯基的批准,世界文学出版社成立了,其宗旨是团结各个不同流派和倾向的作家、诗人和翻译家,通过对世界文学的介绍和翻译,参与新政权的文化建设,共同服务于无产阶级文学事业。勃洛克、古米廖夫、洛津斯基、曼杰什坦姆等诗歌界名流都应邀进入该出版社,并担任了诗歌组的编辑。

古米廖夫向来对远古文明和异域风情怀有浓烈的好奇心,进入世界文学出版社以后,他突然对古巴比伦的史诗《吉尔伽美什》发生了兴趣,通过各种途径找到了这部史诗的法文译本,决意将它译成俄文。《吉尔伽美什》是目前已发现的世界文学中最早的一部史诗。公元前19世纪至公元前16世纪,在底格里斯河与幼发拉底河之间的两河流域,就已有史诗的主要内容在流传。史诗共有三千余行,分别用楔形文字刻录在十二块泥板上,现已有部分残缺。它基本是两河流域的英雄传说和神话的精华汇编。这部史诗对后世文明产生过很大影响,据专家研究,它的为民除妖、建功立业的英雄故事曾影响了古希腊、罗马文学的形成,而洪水与方舟的神话则影响了希伯来的《旧约》传说。由此可见,这部史诗在文学史上的重要性毋庸置疑,而它的译解之困难也是非比寻常的。在翻译过程中,古米廖夫多次向一位年轻的学者希列依科请教,有时,他也带上妻子阿赫玛托娃一同前往。

希列依科是一位亚述学专家,年龄不大,比古米廖夫要年轻五岁,但知识渊博,学术造诣很深,而且他也喜欢诗歌创作。据说,他十三四岁的时候就翻译过一篇用古埃及文字写成的文章。希列依科对《吉尔伽美什》做过专门的研究,并且还直接从楔形文字中破译过这部史诗,将它译成俄文交给了某家出版社。但遗憾的是,他的译稿不知什么原因被弄丢了。当他看到古米廖夫从法文转译过来的译文,便不由得再度生发了浓烈的兴趣。

当时,彼得格勒的东方学界流传一个说法:希列依科懂得六十二种语言。古米廖夫将信将疑,便借此机会问道:"听说您懂得六十二种语言?"

"你们别听信他的瞎传,"希列依科轻描淡写地说道,"其实,我也仅仅懂得将近四十种语言吧。"

希列依科的的回答虽说缩小了数目,但也着实让古米廖夫与阿赫玛托娃吃了一惊。夫妇俩面面相觑,好半天都没能吱声。三人随即又转移话题,一起愉快地聊起了诗歌翻译的问题。也许就是从这一刻起,阿赫玛托娃对这位才华横溢的学者产生了特殊的钦佩与敬意。

1918年8月5日,阿赫玛托娃与古米廖夫办理了离婚手续。儿子列夫仍然留在斯列普涅沃,与奶奶一起生活。古米廖夫的母亲原本就不太喜欢这个儿媳妇,这下子更把她看作"有罪的女人",在相当长的一段时间内,甚至不让她来探望孩子。

古米廖夫与阿赫玛托娃两人分手不久,都各自重新组织了家庭。古米廖夫娶了安娜·恩格尔加尔特。恩格尔加尔特长得很漂亮,有一副温柔的外表,但性格非常刚硬,按照古米廖夫的说法,她原本应该"温柔得如同一块蜂蜡,但实际上却是一辆坦克"。他们的婚后生活仅仅才三个月,古米廖夫就忍受不了了,让她搬去和自己的母亲一起住,自己则又开始云游四方。

1918年12月,阿赫玛托娃出人意料地嫁给了希列依科,他们在弗拉基米尔大教堂举行了一个简朴的婚礼。关于她很快再婚的消息令朋友们非常吃惊,他们对此都有不祥的预兆。对此,可以解释的是,阿赫玛托娃当时十分崇拜希列依科,觉得应该为这位了不起的学者做点事情,哪怕牺牲自己也在所不惜,另外一点则是,她希望能够借此摆脱寄人篱下的尴尬,毕竟,她在瓦列丽娅家已经呆了将近两年了。

沙俄时期,希列依科曾经在大贵族舍列梅捷耶夫伯爵家担任家庭教师。舍列梅捷耶夫家族有过非常辉煌的历史,先祖舍列梅捷耶夫伯爵曾担任过彼得大帝的元帅,为后者的霸业立下了汗马功劳。作为对自己的重臣的奖赏,彼得大帝把市中心的一块土地赐给了他。18 世纪中叶,老伯爵的儿子就在这块土地上建造了一座豪宅,称为舍列梅捷耶夫宫,后因该楼毗邻彼得大帝所建立的夏园的喷泉,又称为喷泉屋。

喷泉屋位于风光旖旎的喷泉河畔,整个大楼为二层的建筑,给人以宽敞、恢宏的印象,大门上方还铸有舍列梅捷耶夫家族的族徽,族徽上镌刻有一行拉丁文:上帝护佑一切。19 世纪,这里曾是彼得堡著名的文化中心之一,不少文艺界的名流,茹科夫斯基、格林卡和普希金等,也都在这里留下了他们的身影。相传,吉普林斯基给普希金所作的那幅著名的肖像画就是在这座大楼里完成的。

希列依科当家庭教师时就住在这座大楼的厢房里。厢房的房间很宽敞,但有点儿潮湿,冬天也没有取暖的设备。十月革命以后,他在这里仍然保留了居住权。阿赫玛托娃与希列依科结婚后,就搬进了这座大楼。这是她第一次住进喷泉屋,对这里的一切都感到很新鲜，院子里草木茂盛，不时还有小鸟在飞扑啁啾。她私心里想：终于有一个安宁的家了。心地单纯的女诗人根本不会料到，日后就是在这里，她竟然会写下这样的诗句："对我而言，丈夫是刽子手，夫家是囚笼。"

新婚不久，阿赫玛托娃与希列依科一度来到莫斯科，打算在那里定居。但他们只是找到了一个临时居住的屋子，而且也没有找到可以谋生的工作。最后，夫妇俩只好返回彼得格勒。希列依科到了彼得格勒的考古研究所工作，同时还担任了埃尔米塔日博物馆的兼职助理研究员。作为专家，他从政府部门拿到了一张专家食品供应证，这样，才使全家的口粮得到了基本保证。

往后的情景却证明，阿赫玛托娃的第二次婚姻似乎比第一次更糟糕。这在她的组诗《黑色的梦》中可以发现不少端倪：

你总是那么神秘和清新。
我对你一天比一天温顺，
但是啊，冷酷的爱人，你的爱情
让我觉得像烙铁和烈火。

你不许我歌唱，不许我欢笑，
甚至早已禁止我祈祷。
只要我能够与你厮守在一起，
无论怎样我都不在乎！

> 这样，我不再了解天与地，
> 活着，却再也不能歌唱，
> 仿佛你走遍地狱与天堂，
> 夺走了我自由的灵魂。

希列依科属于那种学问扎实、才高八斗，但性格存在着明显缺陷的才子型人物，长期的肺结核病魔更加重了他性格上的偏执。他把阿赫玛托娃娶进家门，并不是将她看作一名优秀的诗人，甚至也不是把她当成人格平等的爱人，而是更多地视为自己的秘书、自己的女仆，希望她完全服从他的意志，一切按照他的惯性来生活、来运转。据说，希列依科曾经粗暴地把阿赫玛托娃的诗歌手稿扔到炉火里。

1918年7月，她在精神极度疲惫的状态下，这样写道：

> 你那谜团一样的爱情
> 让我仿佛被触痛似地呼喊，
> 我病恹恹的，面色枯黄，
> 拖着脚步，踉跄行走。

而在此前的4月，阿赫玛托娃在一首诗中怨叹道，希列依科对她的态度很冷淡，不愿意和她生孩子，也讨厌她写诗。这一切都让阿赫玛托娃感到如同走进了一座冷酷的修道院，没有自由、没有个人的意志，时刻面临着接受惩罚的危险，而她本人并不知道犯下了什么过错。即便如此，她仍然表示：

一切都听你的：就这么定！
我会遵守自己的诺言，
把生命交给你——而忧愁
我自个儿带进坟墓。

阿赫玛托娃天真地以为，倘若为了丈夫的成功而牺牲自己的才华，或许就能够解决一直困扰自己的婚姻问题，她再也不会出现与古米廖夫生活在一起时的烦恼与矛盾。1920年，阿赫玛托娃到彼得格勒农学院图书馆工作了一阵子，目的是为了得到学校分发的木柴。

1921年夏天，阿赫玛托娃与希列依科正式分居。分居以后，两人仍保持了比较友好的关系。由于同在文化圈内，他们相互之间也有不少见面的机会，每当对方生病或遇到困难的时候，彼此就会毫不犹豫地伸出援助之手。希列依科到莫斯科工作，得知阿赫玛托娃还没有固定的住所，便把自己在彼得堡的大理石宫的房间钥匙给了她，并与她保持着通信联系。有意思的是，希列依在许多信中都对她的诗歌创作提出不少建设性的意见，与此同时，却一再请求她放弃诗歌写作。

离开希列依科以后，阿赫玛托娃暂时寄身于"野狗"时期的女友奥尔加·格列波娃－苏杰伊金娜的住处。苏杰伊金娜住在喷泉街十八号，她与丈夫苏杰伊金的关系也很紧张，正和作曲家亚瑟·卢利耶处于密切来往的阶段。卢利耶对阿赫玛托娃也很有好感，时不时地对她献一点殷勤。这样，他们就处在了一种十分微妙的三角恋爱的状态里。当时，卢利耶虽然担任着教育人民委员部音乐司的司长，却正计划出国，他希望阿赫玛托娃能跟他同行，但被她断然拒绝了。四十年以后，他在给一位朋友的信里写道：

> 我记得，多年以前我是如何尝试着把她从那里拉出来，可她非常固执，不愿前往我让她去的巴黎。奥尔加倒是一口答应，不久她就跟我走了。在喷泉街我们三人住在一起，《叙事诗》（指《没有主人公的叙事诗》）里用密码的形式写到了这一点。这是她的重要主题……安尼雅（阿赫玛托娃的小名）现在七十三岁了，但我还记得她二十三岁时的模样……

对于阿赫玛托娃来说，1921年是一个灾难深重的年份。除了个人生活依然不如意之外，有两个与她精神上非常亲近的人接连死去。

8月7日，勃洛克因病去世，终年四十一岁。

勃洛克属于典型的知识分子型诗人，是俄罗斯诗歌史上里程碑式的人物，他诗艺超群，天性纯洁，为人正派，在诗歌界享有很好的名声，这一点，甚至连向来桀骜不驯的马雅可夫斯基都不能不承认，他声称，勃洛克的创作意味着"整个的诗歌时代"。对于十月革命，勃洛克完全持拥护态度，确信这场革命的目的是"改造一切"，"要把我们的虚伪、肮脏、乏味的生活改造成公正、纯洁、欢快和美好的生活"。布尔什维克政权成立以后，他积极参与新文化的建设工作，进入世界文学出版社，出任大剧院管理局的主席，而且被推选为俄罗斯诗歌协会彼得堡分会的主席。

但不久，勃洛克发现，在他工作的机构里，依然充斥着革命前的那些官僚主义、庸俗作风和市侩习气。作为一名出色的诗人，他原本就厌倦那些事务性的工作，而今，尤其当他面对没完没了的会议，更加感觉是"无法逃避的兵役"。于是，他感到自己似乎掉进了一种"窒息"的生活。他在日记中写道："生活变了（它变了，但并未变成新生活），虱子战胜了整个世界；现如今，一切将只有朝另一个方向发展，而不是朝着我们曾经生活过、珍爱过的方向发展。"因此，他逐渐患上了强烈的抑郁症。低落的情绪，加上严重的营养不良，使勃洛克的身体变得十分虚弱，终于病倒。经过医生的诊断，他患有严重的心脏病，同时还伴随精神分裂的前兆，需要出国治疗。但当时出国，需要经过克里姆林宫的批准。高尔基和卢纳察尔斯基为他四处奔走，好不容易才拿到批准。这时，他的生命已经走到了尽头，——批准的日期与他逝世的日子仅相隔一天。

勃洛克逝世的噩耗震惊了整个彼得堡的文化界。8月10日，出殡的那一天，他的很多生前好友和崇拜者都前去送行。阿赫玛托娃也随着送葬的队伍来到了斯摩棱斯克公墓。告别仪式简朴但不失庄严，勃洛克被安葬在一棵老槭树下。这一天，恰好是斯摩棱斯克的命名日。从葬礼回来后，阿赫玛托娃便写下了一首沉痛的悼亡诗：

> 今天是斯摩棱斯克的命名日，
> 蓝色的香雾在青草上缭绕，
> 祭祷的歌声在流淌，
> 并不悲伤，却十分明快。
> 面色红润的寡妇携儿带女，
> 前来凭吊父亲的亡灵，
> 而墓地——夜莺的灌木丛，
> 在普照的阳光下，一片宁静。
> 我们抬来银白色的灵柩，
> 送给最为圣洁的圣母，
> 送给斯摩棱斯克的守护神，
> 我们的太阳，它在痛苦中陨落，——
> 亚历山大，纯洁的天鹅。

在这首诗中，阿赫玛托娃把勃洛克与俄罗斯诗歌的"太阳"普希金联系到了一起，利用他们的同名（都为"亚历山大"），强调了勃洛克在 20 世纪俄罗斯诗歌中的地位。关于这首诗，大主教阿·什梅曼评价道："在这首出色的关于勃洛克葬礼的诗歌中，仿佛有一只充满爱抚、略带凉意的母亲的手，触摸着在绝望和痛苦中燃烧殆尽的诗人。对于他可怕的命运，没有任何解释，也没有任何表白，她只是在安慰、调解和抚爱，让一切井井有条，接受一切并原谅一切。"

勃洛克被安葬后没过多久。8 月 24 日，古米廖夫被执行枪决，罪名是"反革命阴谋罪"。

古米廖夫从小就喜欢抛头露面，而且善于夸夸其谈。少年时代，古米廖夫就曾向一位伙伴吹嘘他是一个反政府团体的成员，这个组织有数百人之多，它的目的就是打倒地主和商人，为穷人谋福利，帮助他们夺取本该属于自己的土地和财产。这个消息不知怎么地传到当地警察局那里了，弄得那帮警察很是紧张了一阵子。后来，经过调查，他们发现这完全是无中生有的事情，把古米廖夫叫去训了一顿算是了结了。

历史习惯在我们脆弱的人生中加入讽刺性的小插曲。若干年后，由他人捏造的一次"无中生有"的反政府"密谋"却断送了这位天才诗人的性命。1921年8月3日，古米廖夫突然遭到逮捕，罪名是"谋反"。事情的起因是，肃反委员会破获了一起"要案"，案件的主角是彼得堡大学的历史学教授塔甘采夫，他的罪名就是密谋反对布尔什维克政权，煽动工人和士兵举行反革命叛乱。事实上，塔甘采夫平日里虽然行为古怪，但对日常事务非常冷漠，至于政治，更是在他关心的范围以外。就是这样一个学者，被人诬陷作反革命组织的头目，锒铛入狱，进而株连了相当一批文化界的名人。最后的结论不仅让古米廖夫本人命丧黄泉，也让已经离婚了三年的前妻阿赫玛托娃受到牵连，在日后的大批判中当作一个污点被不断重提，而且也让年幼的儿子列夫从此背上了黑锅，承受流放和监禁的厄运。

1921年8月称得上是俄罗斯诗歌的灾月。两位诗歌巨星的陨落，就某种程度而言，给风靡一时的"白银时代"诗歌划上了一个休止符。

阿赫玛托娃目睹和耳闻了这两个悲惨的事件,前者是她奉为楷模的诗歌巨匠,后者是她曾经朝夕相处的丈夫。诗人阿赫玛托娃根本不能抗拒这个现实,她所拥有的只有诗笔。

> 你已不在人世,
> 不能从雪地上站起,
> 二十八处刀伤,
> 还有五个枪眼。
>
> 我给男友缝制了
> 一件痛苦的新衣,
> 俄罗斯的大地啊,
> 喜欢、喜欢这血滴。

诗歌的写作日期是 8 月 25 日,为了避免被指认作在暗示古米廖夫的死亡,阿赫玛托娃把写作的年代改成了 1914 年。

8 月 27 日晚,她在极度的悲愤下,又写下了《恐惧》这首诗:

> 恐惧,在黑暗中忙乱地收拾东西,
> 月亮的光线涂抹着斧子。
> 墙壁背后传来不祥的敲击声——
> 那是什么?老鼠、幽灵还是小偷?

在窒闷的厨房里泼溅水花，
计算着摇摇晃晃的地板，
有着亮闪闪的黑色大胡子，
在顶楼的窗外一闪而过。

静息。他多么凶险，多么狡猾，
藏起了火柴，吹熄了蜡烛。
还不如让磨擦好的步枪
抵住我的胸口，闪烁着微光，

还不如在绿色的广场上，
在未曾油漆的木板架上躺倒，
伴随快乐的呼喊与呻吟，
流淌鲜红的血液，直到最后一滴。

我把光滑的十字架贴近心脏：
上帝，还给我灵魂以安宁！
从冰凉的床单上，令人晕眩地
散发出一股甜腻的腐烂味。

　　这首诗的完稿日期注明的是 8 月 27 日至 28 日，地点是皇村。皇村是她与古米廖夫相识、相知和相恋的故地。触景生情，睹物思人，阿赫玛托娃无法从不久前得到的噩耗中摆脱出来，不由得悲叹生命的脆弱和命运的无常。

阿赫玛托娃虽然在生活中接连遭遇不幸的事件，她的诗歌却依然拥有广泛的读者。1921年4月，第四部诗集《车前草》出版。诗集收录了三十八首作品，印数为一千册。《车前草》的主题仍然是有关爱情和婚姻的体验与思考，在悲剧性的主旋律里穿插着古米廖夫、安列普与希列依科的影子。有评论家认为："这是一部美妙的诗集，是一本富有生命力的好书，不仅值得人们阅读，而且值得反复地阅读。"

与《车前草》出版的时间相近，1921年第一期的《艺术之家》杂志发表了科尔涅依·楚科夫斯基的文章《两个俄罗斯》，文章就维戈茨基的观点作了进一步的阐述，认为马雅可夫斯基与阿赫玛托娃的创作各自代表一种倾向，也可以说，他们代表了两个俄罗斯，马雅可夫斯基指向未来，着眼于革新，是新的俄罗斯；阿赫玛托娃则代表着传统，缅怀着过去，因此，是旧的俄罗斯。这两位诗人在读者中都有很高的威望，拥有成千上万的崇拜者和模仿者。在他看来，应该综合这两个俄罗斯的特点，重新整合并繁荣当代的俄罗斯诗歌。

在对阿赫玛托娃的诗歌进行具体分析的时候，楚科夫斯基十分敏锐地拈出了其创作的两个最主要的特征，宗教性和小说性："她的诗往往成了祷告词""在俄罗斯如今已没有如此频繁地以上帝的名义来祈祷的诗人了""阿赫玛托娃是否已经进了修道院了？"他认为："把抒情诗与小说结合起来，这个最为艰巨的任务，在她的诗歌中得到了完美的解决。"

无疑，楚科夫斯基非常推崇阿赫玛托娃，他认为：

她的名字已经成为俄罗斯文学艺术中最可宝贵的名字之一,如果我们没有安娜·阿赫玛托娃,那么,我们将失色很多。

第七章
诽谤到处追随着我

1922年,阿赫玛托娃出版了自己的第五部诗集,书名是《耶稣纪元,1921年》(原文为拉丁文"Anno Domini MCM XXI",以下简称《耶稣纪元》)。诗集全数收入了《车前草》内的作品,增加了一部分旧作和新作。按照主题,它分为三个部分,第一部分标题为"耶稣纪元,1921年",收入她于1921年创作的诗歌;第二部分的标题是"记忆的声音",收入了她更早一些时候的作品;第三部分就是《车前草》的全部内容,等于是那部诗集的再版。这部诗集于1923年在柏林再版了一次,在《车前草》之前,又增加了一个部分,标题为"近作"。

十月革命前,有评论家便指出,阿赫玛托娃的创作带有强烈的"室内抒情"的意味。它们大多篇幅短小,用词精练,意象独特,作者往往从经验的某个细节入手,寥寥数语,就很快掀起了抒情的高潮。应该说,这是阿赫玛托娃诗歌的一个非常典型的特征,她娴熟的写作技巧能够迅速抓住读者的阅读期待,让人觉得亲切如同在进行最为私密的对话。在《耶稣纪元》中,阿赫玛托娃依然保持着这样的特征,所不同的是,她开始以最隐秘的方式感应着时代汹涌的大潮,其个人表象的抒情包容了非常丰富的非个人内涵。

《耶稣纪元》的出版,在读者中间引起了强烈的反响。1922 年 7 月 4 日,《真理报》发表了评论家奥辛斯基的一篇文章,充分肯定了阿赫玛托娃的创作,认为她不但没有"辱骂"革命,而且是在"歌颂"革命,"歌颂了在战火中诞生的美好事物",声称"在勃洛克逝世以后,在俄罗斯诗坛上占据第一把交椅的将是阿赫玛托娃"。作为例证,他还全文引用了她的一首近作:

> 一切被侵吞,一切被背叛,一切被出卖,
> 黑色死神的翅膀在闪烁,
> 一切被饥饿的忧愁啃光,
> 我们又如何能有什么光明?
>
> 城外杳无人迹的森林
> 白天飘动着樱桃的气息,

> 七月天空透明的高处，
> 夜晚闪烁着新的星座。
>
> 就这样，奇迹走近了
> 那些坍塌的房屋……
> 没有人、没有人知道，
> 这可是我们亘古所期盼的。

这是一首基调消沉的作品，但是，阿赫玛托娃的另一首诗则流露了比较明快的特征：

> 破晓时分醒来，
> 是因为被快乐所窒息，
> 从舱室的窗口望去，
> 一片碧绿的波涛，
> 或者是阴天登上甲板，
> 披着松软的皮袄，
> 聆听马达的喧嚣，
> 什么都不去思想，
> 只是预感有奇遇，
> 见到我命定的星星，
> 由于海水，由于微风，
> 每一刻变得更加年轻。

另一位批评家艾亨鲍姆则从形式主义的视角出发,深入研究了阿赫玛托娃诗歌中的叙事性,题词的用意,以及她在语言学意义上的创新,出版了一本名为《安娜·阿赫玛托娃》的小册子。在这本小册子中,他指出,诗人近期的创作刻意地选取了圣经的、拜占庭式的词汇,赋予作品以一种崇高的音韵,力图摆脱口语的旧框子,丰富了俄罗斯诗歌的表现力。这是极富创意的行为。最后,艾亨鲍姆得出一个结论:

> 因双重性(更准确些说——矛盾性)而令人难以置信的女主人公的形象已开始定型——不知她是情欲强烈的荡妇,还是一贫如洗到可以求得上帝宽恕的修女。

与这些褒赞同时出现的还有相当一批责难的意见,尤其是以党在文艺领域内的代言人自居的某些"拉普"领导层人员,他们的言辞最为激烈,例如"岗位派"的理论家列列维奇,他在1923年的《在岗位上》杂志发表了一篇题为《安娜·阿赫玛托娃》的文章,文章就奥辛斯基认为阿赫玛托娃是一名伟大诗人的观点入手,列举伟大诗人应该具有的特征,否认阿赫玛托娃有条件获得这一殊荣,断定她的爱情诗"充满了痛苦与煎熬,这与其说是因为她不曾得到回报,不如说因为她从头到脚都充满了消沉的情绪,并且患有神经衰弱症——'世纪末'优雅的女贵族的本性"。

列列维奇还利用艾亨鲍姆的研究成果,从中却引出了相反的结论,把神秘主义与色情密切地联系在了一起,认为

"社会的前进是我们时代基本的、最重要的现象",但在阿赫玛托娃的诗歌中,"却只得到微弱的、带有敌意的反映"。他断章取义地援引了作者的一些诗歌段落以后,写道:

> 是否还能指望有什么比它们更清楚地证明阿赫玛托娃最深刻的骨子里的反革命性呢?阿赫玛托娃确定无疑是文学上的国内侨民。

应该说,列列维奇是敏感的,他嗅出了阿赫玛托娃的诗歌在当时的独特的存在,亦即"异质性",只是高度意识形态化的评论视角限制了他的认识,进而导致了其对批评对象的不公正的指责。在政治统领一切的时代氛围里,关于阿赫玛托娃的争论逐渐越出了纯文学的领域,它们同样出现了正反两方面的意见。这些意见的导火索是刊发在1923年《青年近卫军》的读者来信。《青年近卫军》的读者感到疑惑不解的是,阿赫玛托娃并不是共产党员,但是,她的诗歌却能够打动正工作在火热的建设工地上的共青团员的心灵。这究竟是什么原因?留在共青团和党的队伍里的人,是不是可以阅读阿赫玛托娃的"贵族"诗篇?

对于这个问题,著名的政治活动家亚历山德拉·柯伦泰给予了正面的回答。柯伦泰是当时列宁身边最引人瞩目的工作人员之一,是苏联的第一位女大使,享有极高的政治知名度。在题为《论〈龙〉和〈白鸟〉》的文章中,她热情地维护了阿赫玛托娃的诗歌。文章从女权主义的视角出发,强调了她的抒情诗中高傲、独立和自尊的女性形象，挖掘了作品中潜在的女权主义倾向。柯伦泰指出，在阿赫玛托娃已经出版的诗集《念珠》和《白色的鸟群》中，"白鸟"代表着女性因素，"龙"代表着男性因素，它们始终在进行难以拆解的斗争，斗争的结果往往以"白鸟"的胜利而告终，尽管"白鸟"也为此付出了巨大的代价。在柯伦泰看来，阿赫玛托娃表现这一冲突具有内在的进步意义，她所塑造的女性典型也是与倡导女性独立的共产主义认识相适应的，同时，她对与之共同生活的"暴君"男性的揭露也有很大的教育意义。

对你百依百顺？真是痴心妄想！
我仅仅服从上帝的意志。
我不愿忐忑不安，不愿逆来顺受，
丈夫是刽子手，他的家是监狱。

可是你瞧瞧，我却自投罗网；
十二月来临，北风在旷野上呼啸，
受到你的囚禁，依然那么明朗，
而黑暗在窗外严密地守卫。

如同小鸟在阴晦的冬季，
它撞击着透明的玻璃，
白色的翅膀染满了斑斑血迹。

如今我内心充满了宁静和幸福,
别了,温和的人儿,你收留过我,
这浮萍般漂泊的女郎,我永远感激你。

柯伦泰的文章肯定了阿赫玛托娃的创作,为她赢得读者的信赖起到了良好的作用。但是,针对柯伦泰的观点,随即也出现了反对性的意见。阿尔瓦托尔在1923年第四、五期合刊的《青年近卫军》上发表题为《女公民阿赫玛托娃与柯伦泰同志》的文章,认为阿赫玛托娃的诗歌表现的是"小客厅的""卧室的""小草地的"爱情,它们会使"青年女工过于爱美,以至于会矫揉造作,给她们提供韵脚、韵律等诱人的框框,结果只会让她们滋长神经质的、温顺又痛苦的情绪"。维诺格拉茨卡娅在1923年第六期的《红色处女地》上也发表了《道德、性别以及风俗问题和柯伦泰同志》,以更为尖刻的措辞批评道:"阿赫玛托娃对劳动妇女一无所知,她也不是为她们写诗。"她的诗歌,除了爱情,什么都没有,"既没写劳动,也没写集体",而且,"她笔下的爱情也只是同对上帝的思考以及对另一世界的生活渴望交织在一起"。至于她笔下的人物,"是任性、多变、受人摆布的小客厅里的宠物,她们来到这个世界只是为了成为男人们的消遣工具"。因此,"她无法引导我们的妇女积极投身于建设事业,却诱使她们去信奉上帝和他的天使们"。

在这样的时代氛围里,《诽谤》一诗恰好成了阿赫玛托娃当时处境的某种写照:

> 而诽谤到处追随着我，
> 在无情的天空下死寂的城市里，
> 我在梦中都能听到它爬行的脚步
> 踟蹰着，希望侥幸能获得居食，
> 每一双眼睛都折射着诽谤的反光，
> 时而像背叛，时而像无辜的恐惧。

应该说，无论是"拉普"派粗暴的曲解和柯泰伦善意的阐述，他们都不曾摆脱那个年代简单化、非艺术化评判的通病，没有看到阿赫玛托娃创作的独特性和复杂性。若干年后，帕甫洛夫斯基给予了更为客观的评价：

> 在《黄昏》和《耶稣纪元》之间却横亘着很大的一块地段：这里有死亡、崩溃、丧失、背叛、被翻动了的生活、对灾难的绝望感，这里有只能落在赶上了时代变迁的人的命运上的一切。因此，在诗集《车前草》和《耶稣纪元》中，显现了一种意想不到的欢欣，这种欢欣来自从难以释怀、无法忘却的经验而结淀下来的久远的和痛苦的智慧。

他指出，批评者的先入之见妨碍他们全面地考察阿赫玛托娃的整个创作，这就在有意无意之中忽略了她在那几年新创作的诗歌里的乐观、昂扬、清新的因素。例如，在《湖对岸的月亮静止不动》中，她曾经这样写道：

湖对岸的月亮静止不动，
仿佛一扇敞开的窗子，
通向安谧、明亮的房屋，
那里似乎有点儿不祥。

是男主人的尸体被运回，
还是女主人跟着情人私奔，
抑或是年幼的女孩失踪，
在湖湾里找到一只小鞋子。

大地茫茫。我们预感到
可怖的灾难，马上噤口不言。
追荐的猫头鹰在鸣叫，
热风在花园里咆哮。

　　这是一首哀歌式的作品，美丽的月光引发的是生命被毁灭或受到威胁的恐惧感。读毕该诗，接受者的压抑感便会油然而生。但是，同样是在1922年，同样是面对大自然，在短诗《这儿真美妙》中，则由于心境的不同，诗歌灵感的触发点不同，造成了诗歌音调和题旨落脚点的不同。即便是在凛冽的冬天，她也由衷地感叹：

这儿真美妙：窸窣声和噼啪声；
寒意一天比一天更凛冽，

冰雪包裹的玫瑰花丛
在白色的火焰里弯下身子。
松软而空旷的雪野
留下雪橇的痕迹，仿佛一缕记忆，
在某个遥远的时代，
我和你双双从这里经过。

　　这首诗和前面引用的《破晓时分》虽然都以短歌的形式出现，属于一种片断式的抒情，但其音色已有了悄然的变更，突破了人们习惯认为的阿赫玛托娃早期诗作的伤感、哀婉、凄楚的基调，透露了对新生活的信心，哪怕是在暂时的逆境中，也不丧失美好的期待。

　　当时，仅有为数很少的人士认识到了阿赫玛托娃创作上的调整特性，玛·莎吉娘就是其中一个，她在出版于1923年的《文学日记》中就《耶稣纪元》指出，诗人"处在那种模糊的时期"，其"模糊"的特征就是"具有许多互不相同的征兆"，也就是说，20世纪20年代初的阿赫玛托娃正处在再度摸索的阶段，这标志着她期望克服早先诗歌的单一性的努力。可惜，莎吉娘的正确认识很快就被随之而来的批判浪潮给淹没了。

　　尽管诗人在舆论上受到了很大的冲击，但她在读者心目中依然享有非常高的声誉。1924年，在莫斯科还举办过她个人的诗歌朗诵会。就在会议的开幕式上，批评家列昂尼德·格罗斯曼认为她是俄罗斯最优秀的女诗人，堪与古希腊的萨福相媲美。

而就在阿赫玛托娃在官方诗坛逐渐受到排斥的同时,爱情却不合时宜地悄悄来临了。

1922年8月,在喷泉屋的正门口,阿赫玛托娃遇见了以前的朋友普宁。普宁比她年长一岁,他的童年和少年时代也是在皇村度过的,后来毕业于彼得堡大学历史语文系。普宁喜好绘画、雕塑和民间工艺品,在俄罗斯和东方的艺术史研究上有很深的造诣,先后在美术研究院和艺术之家任职。《阿波罗》杂志出版和发行的鼎盛时期,普宁也是它的主要撰稿人之一。十月革命以后,他同时在俄罗斯博物馆和埃尔米塔日博物馆担任工作人员,给卢纳察尔斯基当过助手。喷泉屋在财产归属上被登记为俄罗斯博物馆,由于普宁是该博物馆的工作人员,也在厢房那里得到了一套住宅,他和妻子安娜·阿莲斯、女儿伊琳娜一起住在这里。1921年,普宁被关押了一个月后释放。

这一次,两位故友久别相见,格外亲切,就站在那里交谈了起来。阿赫玛托娃告诉普宁,古米廖夫死了。普宁感到非常惊讶。他告诉阿赫玛托娃,在同一个看守所里,他曾经在被提审的走廊上遇见过古米廖夫,记得当时古米廖夫在腋下还挟着一本《荷马史诗》。由于不允许在押者相互交谈,他们只是对视一下,微笑致意,便擦肩而过了。普宁根本没料想到,这一见竟成了永诀,自己可能是朋友中间最后一个见到古米廖夫的人。

早在《阿波罗》时期,阿赫玛托娃就对普宁颇有好感。

普宁长得高大英俊，平时沉默寡言，可是，一旦涉及他喜欢的艺术和艺术理论，则会滔滔不绝地与人交谈起来，并且往往会妙语连珠，智见迭出。而今，这些特征令正处于情感真空的阿赫玛托娃不由自主地燃起了爱情的火焰。喷泉屋门口的意外见面创造了某种契机，数天后，普宁便接到了阿赫玛托娃的一张便函，邀请他到大理石宫的住处来做客。能够得到这位诗坛"首席女小提琴手"的青睐，普宁自然是喜出望外，于是欣然应邀前往。就在这一天，阿赫玛托娃写下了一首诗赠送给普宁：

> 前所未有的秋天建造了高高的穹顶，
> 这个穹顶受命不能遮挡住云彩。
> 人们感到惊奇：九月的时节已经来临，
> 冰凉、潮湿的日子究竟跌落在哪里？
> 混浊的渠水变得一片碧绿，
> 荨麻的芬芳，比玫瑰更加浓郁。
> 魔鬼的红霞，不可忍受，令人窒息，
> 我们所有人终身都会铭记在心。
> 太阳就像一名闯入首都的暴徒，
> 春天似的秋天那么急切地抚爱它，
> 看起来仿佛是雪花莲泛着白光……
> 此刻，安静的你，踏上了我的台阶。

阿赫玛托娃与普宁交往了一段时间后，便陷入了极其尴尬的局面：普宁有妻子，还有一个两岁的孩子，无法冲出婚姻的"围城"，而阿赫玛托娃自身也尚未与希列依科正式办理离婚手续。浪漫的爱情碰上了现实的礁石。但阿赫玛托娃就是阿赫玛托娃。不久，她做出了一个令世人大感诧异的举动，离开了大理石宫，搬到了普宁在喷泉屋的住所。这样的举动在普宁家庭内部引起的"地震"是可想而知的。如今，我们已经很难猜测，阿赫玛托娃作为"第三者"是如何承受世俗的压力在普宁家里存身，而普宁的妻子阿莲斯又是怎样容忍了丈夫的情人每天在自己的眼皮底下出没。通过一些零星的资料，我们知道，阿莲斯是一位医生，白天去上班，阿赫玛托娃则在家照顾伊琳娜，晚上，普宁与阿赫玛托娃在一起谈诗论艺，有时也接待一些来访的宾客。这样的生活一直持续了十五年，直到普宁去世。据说，在此期间，阿赫玛托娃曾经考虑过离开普宁，并且拜托瓦列丽娅帮她找到了一处住宅。但普宁找到阿赫玛托娃的这位女友，威胁她说，如果阿赫玛托娃离开自己，就得小心他们夫妇俩自己的性命。瓦列丽娅深知普宁爱走极端的性格，被他的这番话给吓住了，这件事只能就此作罢。

应该说，阿赫玛托娃这一段时期的生活是非常艰苦的，平时用餐主要靠一点黑面包果腹，外加一杯不加糖的咖啡。她曾经和一位朋友说起过自己经历的事情。有一次，阿赫玛托娃穿着一身破旧的衣服，背着一个大口袋上街，由于疲累便在街道的一侧歇了下来。这时，从她的身边走过一个中年妇女，突然停了下来，用一种怜悯的目光望着她，递给了她一个戈比，嘴里说道:"拿着吧,看在基督的份上!"阿赫玛托娃一时没回过神,顺手接过了那枚戈比。等她明白是怎么回事时,那位妇女已经走远了。此时的阿赫玛托娃真是百感交集。回家后,她把那枚一戈比的硬币小心翼翼地收藏了起来。

写于1924年的《缪斯》体现了阿赫玛托娃对生活与诗歌的新认识,她感到自己仿佛站在了地狱的入口处:

深夜,我期待着她的光临,
生命,仿佛只在千钧一发间维系。
面对这位手持短笛的贵宾,
荣誉、青春和自由都不值一提。
呵,她来了。掀开面纱,
目不转睛地打量着我。
我问道:"是你,向但丁口授了
地狱的篇章?"她回答:"是我"。

1924年,彼得格勒出版社准备出版一套阿赫玛托娃的两卷集,巴·卢克尼茨基受委托担任这套书的责任编辑。卢克尼茨基具有很好的艺术鉴赏力,而且对工作很负责,在文学圈里有很好的口碑。把诗集交给他负责编辑,阿赫玛托娃感到非常放心。卢克尼茨基经常来到她的住所,和她商讨作品的取舍问题,同时听她讲述诗歌背后的一些故事。卢克尼茨基工作很勤奋,每次,他把与阿赫玛托娃交往和谈话的内容都记录了下来。这些记录稿后来汇集成两卷集的《与阿赫玛托娃的会晤》，于1991年在巴黎出版。

《阿赫玛托娃文集》的两卷集如期编辑完成，但是，书稿交到出版社以后，却迟迟不见出版，后来还被有关部门销毁了。卢克尼茨基对此百思不得其解，有一次，他顺便问了一下阿赫玛托娃，阿赫玛托娃的回答是自己也不知道为什么。她只是凭猜测，估计和1924年的那场诗歌朗诵会有关。据说，那个晚上，斯大林到了晚会的现场，他听了阿赫玛托娃的朗诵。晚会终场时，听众全体起立鼓掌。这惹得斯大林很不高兴，就对手下人说："谁组织了这次鼓掌？"他的这句质问吓得手下人根本不敢吭声。从那以后，各大杂志就再也不敢刊登阿赫玛托娃的诗歌了。大概由于内部有了这样的"禁令"，两卷集也只得"胎死腹中"。后来，阿赫玛托娃就把这个"禁令"称作"第一个决议"，以区别于之后1946年的那个决议。当时，有关当局除了不让阿赫玛托娃发表作品以外，也不知道该如何处理她。于是，就在她三十五岁那年，让她提前"退休"，发给她养老金，但这点微薄的养老金却仅够买点香烟和火柴。

1928年，阿赫玛托娃与希列依科正式办理了离婚手续。但是，她、普宁和阿莲斯的三人世界并没有就此打破，依然按照固有的结构继续运转。

20年代中后期，阿赫玛托娃被剥夺了发表作品的权利，无奈之下，便开始了学术研究工作。她选定的第一个研究对象就是少女时代的偶像——普希金。在研究中，她非常注意作家的文本，同时也重视研究对象与时代的关系。阿赫玛托娃对当时相当一部分研究者的非文学的做法不满。因为，他们只关心19世纪的舞会、宫殿，只会说"普希金曾到过这儿"，或者"普希金没有到过这儿"，"对别的事儿，这些人完全没有兴趣"。她善于结合自己的生活经验，悉心地体会着普希金的创作倾向，例如，她在谈及普希金何以恐惧幸福的原因，一语道破其中的秘密：他有过对幸福的痛苦思索，最为担心的则是幸福来临之后的失去。

普希金研究是阿赫玛托娃后半生除写诗以外所投注精力最多的一件事情，它包含了一个诗人对另一个诗人最崇高的敬意。晚年，阿赫玛托娃把多年积累的文章、札记、草稿汇集成册，以"普希金研究"为名出版，迄今它仍是俄罗斯的普希金研究的重要成果，得到了不少研究普希金的专家的肯定。尤为可贵的是，阿赫玛托娃的普希金研究还具有方法论上的意义，在《普希金的〈石客〉》中，她运用比较文学的方法对比拜伦与普希金的创作，指出：

> 普希金与拜伦不同，他从自己个人的经验出发，创造出完整而客观的性格：他不是跟世界隔绝，而是走向世界。……普希金丰富的抒情成分使他避免了拜伦戏剧的失误：拜伦把自己性格的"每一个组成部分"分派给自己的人物，这样一来，就把自己的作品分割成"若干个渺小的微不足道的人物"。

第八章
谁敢相信我是一个疯子

20世纪20年代末至30年代初,就阿赫玛托娃个人的创作而言,应该是一个比较沉寂的时期。当诗歌写作受到外在因素的阻挠以后,阿赫玛托娃便有意识地将自己的注意力融入到了日常生活中。对此,阿曼达·海特将她与19世纪试图过平常生活那段时期的普希金相比,有过如下描述:

> 当年普希金埋头研究历史,而她现在成了一名学者,研究普希金的创作;当年普希金为家事劳神,而她现在正努力试为人(普宁)妻,为人(普宁的女儿伊琳娜、而从1928年起还有亲生儿子列夫)母。现在对阿赫玛托娃来

讲,寻找家庭幸福已不再伴有必须葬送诗才的痛苦。她与普宁共同生活的日子意味着承认了一点:诗人也应当安于日常生活,努力去领会这种生活方式的乐趣。

最后一点是至关重要的。在现实生活中,我们有太多的诗人放弃了正常的生活,他们总是感觉"生活在远方",把自己的智力和精力白白消耗在一些无谓的、缺乏生活根基的事情上。实际上,他们的"放弃"造成了周围人的负担,其"浪漫""诗意""恣情任性"的代价是他们的亲人、朋友需要为此多承担很大一部分应该由他们自身承担的责任,更令人无法接受的是,亲友们在默默付出的同时,可能还要忍受他们的傲慢与侮辱。与此相比,阿赫玛托娃的姿态要可取很多,她相信诗歌与上帝,却一生都在世俗生活中奔波和挣扎:主动地追求,默默地忍受,在生活的点点滴滴中寻找生命存在的乐趣,同时保持着最可贵的人性和尊严。或许正是有着这样的生活态度在支撑,她的作品才具有从原生的大地里奔涌出来的品格。

这个阶段,阿赫玛托娃最重要的朋友当属曼杰什坦姆夫妇。前面我们介绍过,曼杰什坦姆在"诗人车间"就与阿赫玛托娃相熟,并且曾经深深地爱过她,给她写过献诗。但当时,阿赫玛托娃正热恋着安列普,对他表现出来的热情不可能给予回报。在遭到一次婉言拒绝后,他就去了南方。内战时期,在乌克兰的费奥多西亚市,曼杰什坦姆被弗兰格尔的白军当成布尔什维克的间谍给抓了起来。他被关进单人牢房以后，拼命敲打房门，大声喊道："我是个诗人，天生不是坐牢的，快点放我出去。"末了，由他的朋友沃洛申出面担保，白军才释放了他。出狱以后，曼杰什坦姆不愿再待在乌克兰，准备返回彼得堡，途经孟什维克控制的格鲁吉亚，他又被孟什维克当成布尔什维克和白军的双重间谍逮捕了。后来又是当地的诗人联名才把他营救出来。

1922年，曼杰什坦姆终于找到了爱情的归宿，妻子叫娜杰日达，娘家姓哈金。从此，这个出嫁以后从夫姓叫娜杰日达·曼杰什坦姆的女性便一直陪伴着他度过风雨人生，而且在他去世以后，全力抢救他的文稿，最后还为后人留下了一部十分珍贵的《回忆录》。结婚以后，曼杰什坦姆仍然处在没有固定工作、没有自家住房的状态中，生活来源主要依靠做点翻译换取一些报酬和朋友们的接济，居住则常常是打游击式地寄寓在莫斯科和彼得堡的朋友那里。1924年夏天，曼杰什坦姆带着娜杰日达来到彼得堡拜访阿赫玛托娃，她热情地接待了这对夫妇。这次来访消除了双方此前的隔阂，并且，就是从那时起，阿赫玛托娃与娜杰日达开始结下了深厚的友谊。事隔多年以后，布罗茨基以简洁而沉重的笔调形容过这种友谊：她"最初是曼杰什坦姆夫妇的朋友，后来是娜杰日达一个人的朋友"。

曼杰什坦姆的漂泊生活直到1933年才告一段落。这年秋天，他在莫斯科的纳舒金胡同得到了一套住房。房子是苏联作家协会分配的，比较简陋，但毕竟有了安身之处。搬进新居不久，曼杰什坦姆给阿赫玛托娃打了电话，邀请她来做客。

阿赫玛托娃愉快地接受了邀请，到莫斯科去看望他们。

阿赫玛托娃在莫斯科逗留期间，帕斯捷尔纳克也来曼杰什坦姆家探望过她几次。帕斯捷尔纳克属于比较典型的知识分子诗人。他的父亲列昂尼德·帕斯捷尔纳克是一位著名的画家，曾为托尔斯泰的小说画过插图。帕斯捷尔纳克曾先后于莫斯科大学和德国的马堡大学攻读哲学。他精通英语、德语和法语三种外语，早年参加未来主义诗歌活动。1914年，出版第一部诗集《云雾中的双子星座》，其文字艰涩，想象怪诞，但比喻活泼，思想意蕴颇深，因此享有"诗人中的诗人"的美称。十月革命以后，帕斯捷尔纳克在人民教育委员会的图书馆工作，不知何故一度得到当时布尔什维克的领导人布哈林的欣赏，在苏联作家协会第一次代表大会上被树立为诗人的榜样。1922年《生活——我的姐妹》和1923年《主题与变奏》的出版给他带来巨大的声誉。这两部诗集都有很强的表现力和音乐特征，是帕斯捷尔纳克的创作趋于成熟的标志。

有一天，20世纪俄罗斯最为杰出的三位诗人在曼杰什坦姆家聚到了一起，他们讨论起了诗歌的翻译问题。

阿赫玛托娃认为自己不会译诗，并举普希金也不会译诗为例。她说："要是让普希金来译诗，到不了两行，就会扔在一边，或者干脆自己写了开来。"

听了她的话，曼杰什坦姆深以为然，便说道："我也不会译诗。有人劝我译点诗补贴一下生活。但我就是不会。"

"不对，为什么不能译诗呢？"帕斯捷尔纳克不同意他俩的观点，"由诗人来翻译诗歌是天经地义的事情。"

可是，阿赫玛托娃仍然认为："我觉得诗实际上是不能翻译的。"

"你说得很对，"曼杰什坦姆附和道。随后，他对帕斯捷尔纳克说："倘若你的全集将来要出版的话，我觉得，可能会有十二本译诗集，只有一本诗集。"

当时，阿赫玛托娃还与莫斯科另一位鼎鼎大名的作家交往，那就是米哈依尔·布尔加科夫。布尔加科夫出生于基辅，后来考入基辅大学学医，毕业后曾先后在斯摩棱斯克担任乡村医生和在白卫军部队里当随军医生。后来，他厌倦了军旅生活，弃医从文，开始创作小说。1925年，他发表中篇小说《不祥的蛋》，赢得高尔基的赞赏，认为他"写得机智、巧妙"。第二年，根据他的长篇小说《白卫军》改变的戏剧《茹尔宾一家的日子》在公演之后引起了一场风波，受到了马雅可夫斯基等人的抨击，小说也因此不能完整出版。

在苏联文学史上，布尔加科夫也常常被划入"异类"的行列中，他在一封给斯大林的信中有过这样的表述："在苏联的俄语文学那辽阔的原野上，我是唯一的一只文学狼。人们曾经规劝过我，希望我把皮毛染上其他颜色。这可是荒谬的建议。不论是一只染色的狼，还是一只剪了毛的狼，都跟鬈毛狗毫无相似之处。人们像对付狼一样对付我……我没有怨恨，但我很疲倦，因此，在1929年末倒下了。因为，即便是野兽也可能疲倦……"

布尔加科夫的代表作是《大师与玛格丽特》，小说构思于1928年，至30年代初，完成了前十五章，但他出人意料地将初稿扔到了火炉里。然后，布尔加科夫重新开始创作这部小说，前后耗费了十二年的时间，直至临终前三周，他还在向妻子口授需要增补的内容。小说取材于《圣经》故事和莫斯科的现实生活，作者融严肃的哲理于荒诞的故事情节中，时空转换和画面翻卷非常自如，亦幻亦真，亦庄亦谑，结尾通过罗马总督处死耶稣的故事，指出人类的许多灾难是由胆怯的缺陷所纵容的，如果没有了胆怯，就铲除了暴君、暴政和恶行的土壤。作家生前并没有看到该书的出版。它在国内的第一个完整版本的出版迟至1973年，这时，布尔加科夫离开人间已经三十三年整了。

小说家逝世以后，阿赫玛托娃写过一首诗祭奠过这位亡友：

哦，谁敢相信我是一个疯子，
是一个被雇佣的哭灵人，
是一个在文火上受煎熬的人，
是一个丧失一切、遗忘众人的人，——
仿佛这一幕还是在昨天，
您忍住剧痛的颤抖对我说，
应该祈求平安，为那充满力量的、
充满崇高的理念和意志的人。

布尔加科夫当时住在曼杰什坦姆的楼下，他的妻子叶琳娜很喜欢阿赫玛托娃的诗歌，多次与丈夫商议请女诗人到自己家住一阵子。1934年初，布尔加科夫正式发出了邀请。但是，曼杰什坦姆竭力反对，认为布尔加科夫是莫斯科艺术剧院的红人，担心阿赫玛托娃从此被他拉进那个圈子里去。生活在莫斯科的曼杰什坦姆一直认为自己是彼得堡的诗人，对莫斯科的诗人和作家始终存有某种戒心，当然，这中间也不排斥莫斯科的一些诗人和作家有意识地冷落他的可能。结果只得作罢。没过多久，阿赫玛托娃返回到早已改名为列宁格勒的彼得堡。

谁也没料想到，仅仅不到三个月，曼杰什坦姆就又一次被捕了。被捕的原因似乎是他写了一首犯忌的诗歌。阿赫玛托娃和帕斯捷尔纳克等人曾在一次聚会时听他朗诵过这首诗：

我们活着，感觉不到脚下的国家，
我们说话，声音不能传到十步以外，
哪里只要响起人们的悄声低语，
就会联想到克里姆林宫里的山民。
....
身边围绕着一群细脖子的大小头目，
有的唧唧，有的喵喵，有的啜泣，
他一个人颐指气使，以"你"相称。
发布一道道命令，如同安装马蹄铁——
....

当时，在场的一批诗友都被吓了一跳，劝曼杰什坦姆赶紧忘掉这首诗,免得招来杀身之祸。曼杰什坦姆听从劝告,答应从此不再朗诵此诗,但他喜欢自我表现的性格又控制不住,不免在其他场合提及这件事情。于是,某些个希望捞到点什么可以邀功请赏的人趁机告密。内务人民委员亚戈达亲自签署了逮捕令。1934年5月13日,曼杰什坦姆锒铛入狱。获知曼杰什坦姆被捕的消息后,阿赫玛托娃变卖了自己珍藏多年的两件纪念品,凑足了路费,坐上了去莫斯科的火车。

阿赫玛托娃匆匆忙忙赶到曼杰什坦姆家,两个不幸的女人紧紧地抱在一起,泪水止不住地往下掉。经过朋友们的劝阻,阿赫玛托娃和娜杰日达平静了下来,开始整理那些抄家后被扔得乱七八糟的物品。这时,外面又有人敲门,原来是内务部的人,他们又来搜查了一番。见到这种情景,娜杰日达的哥哥哈金便在这批人走后对阿赫玛托娃说:

"您还是早点儿离开吧!如果他们再来的话,说不定会将您也抓走。"

阿赫玛托娃答道:"没关系,我不在乎。我们还是分头找人想想办法吧。"

说完这话,阿赫玛托娃便出门去找帕斯捷尔纳克。两人立刻商量了起来。最初,他们打算去恳求高尔基帮忙,高尔基是作协的领导人,而且为人善良、正直,在十月革命后曾经帮助和营救过不少旧知识分子和作家。但是,最近这几年,高尔基似乎有点儿不得势,他在彼得堡的一处住宅还曾经遭到过查抄。这一切给人的印象甚至是,只要高尔基去营救谁,谁的案情就会加重。不过,即便如此,高尔基本人的安全还是没有什么问题的，相对而言，像阿赫玛托娃、帕斯捷尔纳克这样身份的人，一个不小心，很有可能把自己也给送进监狱。就这一点来比较，以阿赫玛托娃、帕斯捷尔纳克为代表的一批俄罗斯诗人，在关键的时刻以他们纯正的道德选择，充分地体现了诗人作为一个社会的公民、一个大写的人的气节与良知。

就在阿赫玛托娃还在为曼杰什坦姆被从轻发落而感到庆幸的时候，灾难却由她的朋友那里移到了自己的亲人这儿。1935年10月，普宁和她的儿子列夫同时被捕。

1927年8月，列夫离开居住了十六年的斯列普涅沃，来到在列宁格勒的母亲阿赫玛托娃的身边，也住进了喷泉屋。后来，在普宁的帮助下，他转学到了列宁格勒的一所中学学习。由于母子两人都处在寄人篱下的处境中，因此，列夫常常要忍受普宁及其家人的白眼与呵斥，这使他从此对普宁一家非常反感，甚至是敌视。

经过两年的学习和准备，列夫考入了列宁格勒大学的历史系。据说，在入学考试的那几天，列夫仍然是饿着肚子参加的。最后一门课程他只拿到了三分（苏联当时实行五分制），其主要原因并不是他没掌握好，而是他因饥饿而感到头昏眼花，无法集中精力答题。

走进大学以后，列夫学习非常努力，阅读了大量的课内和课外的书籍，不断地摘写读书笔记，记录自己的心得和看法。由于列夫的聪慧和勤奋，他对很多历史学的问题都有独到的看法和见解，这时常令他有鹤立鸡群的感觉。这种状况，加上"历史反革命分子"父亲的问题对他的影响,他被很多师生视作"异类"而陷于孤立的状态。凡此种种,可能为他当时的被捕埋下了祸根。

当阿赫玛托娃得知自己的儿子列夫在学校里被带走以后,真是痛不欲生。

为了营救自己的儿子和普宁,阿赫玛托娃再一次来到了莫斯科。她先找到了列夫的女友爱玛·格尔什坦,在她的帮助下,找到一个名叫谢芙琳娜的女作家,她和某些上层人物有点儿联系。谢芙琳娜通过自己在内务部的朋友,了解到应该给斯大林写信陈述情况。这样,阿赫玛托娃随后便去了纳舒金胡同的布尔加科夫家,把情况跟他们夫妇俩说了一下。在他们的共同商议下,阿赫玛托娃字斟句酌地给斯大林写了一封信。她在信中竭力陈说列夫和普宁绝对不会参与任何危害国家和布尔什维克的活动,也决不会发表反动的言论。阿赫玛托娃写完信之后,三个人来回通读了好多遍,直到认为没有任何差错时,才决定呈递上去。

但是,怎样才能确保这封信能够抵达斯大林的手里呢?这又是一个大费踌躇的事情。最后,他们找到了帕斯捷尔纳克,由帕斯捷尔纳克找到了著名的小说家皮里尼亚克,再由皮里尼亚克交给自己的一位朋友,这位朋友恰好是斯大林手下负责要务的秘书。过了几天,斯大林的那位秘书给帕斯捷尔纳克打电话,告诉他,普宁和列夫都已回家了。这样,阿赫玛托娃和她的朋友们才算稍稍松了口气。

列夫被释放后,却被列宁格勒大学开除。又经过了一段时间的奔波和努力，他转学到了莫斯科大学，但专业由历史学变成了地理学，并且从一年级开始学起。列夫虽说觉得跟原先的专业有差距，但也接受了这个安排，来到莫斯科继续完成学业。事情至此，似乎应该算有了一个比较好的开端。不料，1938年3月10日，列夫又一次遭到逮捕。这一次被捕的原因是列夫不承认自己的父亲古米廖夫有所谓的"历史问题"。结果，他被投进了内务部的什帕列尔监狱，数月之后，被转到十字架监狱。从列夫被关进监狱到后来正式宣判流放，这中间有整整十七个月。在此期间，不论是暴风雪肆虐的冬天，还是烈日灼人的酷暑，阿赫玛托娃都决不放过每一个探监的机会，她早早地来到监狱的大门前，排在长长的探监队伍中等待。

多年以后，我们在阿赫玛托娃的组诗《安魂曲》中读到了如下的文字：

我在列宁格勒的探监队列中度过了十七个月。某一次，有人"认出"了我。当时，一个站在我身后的女人，嘴唇发青，当然从来没听说过我的名字，她从我们都已习惯了的那种麻木状态中苏醒过来，凑近我的耳朵（那里所有人都是低声说话的）问道：

"喂，您能描写这儿的场景吗？"

我说道：

"能"。

于是，一种曾经有过的笑意，掠过了她的脸。

也就是在这个一眼望不到头的探监队伍中，阿赫玛托娃意外地遇见了早年的朋友、著名文学理论家科·楚科夫斯基的女儿莉季娅·楚科夫斯卡娅。莉季娅的丈夫马特维·布隆斯坦于1938年初被捕，当时也被关押在什帕列尔监狱里。两个年龄相差十八岁的俄罗斯妇女，在一个特殊的场景中相遇了，由于相似的遭遇，她们的沟通很顺畅，并结下了患难中的深厚友谊。此后，莉季娅便经常去看望阿赫玛托娃，出于对她的崇敬，在自己的札记中详细、生动地记录了每次见面的经过和谈话的内容。20世纪70年代，莉季娅整理了一部分札记，在巴黎出版了两卷本的《阿赫玛托娃札记》，深得读者的好评。80年代末、90年代初，她继续进行札记的整理和修订工作，直至1996年去世。札记最后由莉季娅的女儿叶莲娜·楚科夫斯卡娅完成整理的工作，除少量的散失以外，汇集成三大卷，在利季娅去世的第二年交由俄罗斯《和睦》出版社出版。目前，该书已成了研究阿赫玛托娃后期创作的最重要的参考资料之一。

第九章
石头一样的判决词

作为一种承诺——对自己的命运的承诺,对一起站在监狱大门外的姐妹们的承诺,以及对自己的国家的承诺,阿赫玛托娃决定"要效仿火枪手们的妻子,到克里姆林宫的塔楼下悲号",着手写作组诗《安魂曲》。1935年秋天,阿赫玛托娃写道:

> 事情发生的时候,惟有死人
> 在微笑,他为彻底的安宁而高兴。
> 列宁格勒像一个多余的尾巴,
> 围绕着自己的监狱摆动。

那时,走来已获审判的一群,
由于痛苦而变得痴呆,
火车拉响了汽笛,
唱起短促的离别之歌。
死亡之星在我们头顶高悬,
在血迹斑斑的大皮靴下,
在玛鲁斯囚车黑色的车轮下,
无辜的罗斯不住地痉挛。

"被沉寂所环绕的监狱,希望成为既统治一切又并不存在的某种东西;它最不愿意看到的,就是由于某个什么人的某一句话,而使它从威力无边的非存在中浮现出来;监狱就在我们身边,近在咫尺,而与此同时,它似乎又根本就不存在。"上面是莉季娅·楚科夫斯卡娅在《阿赫玛托娃札记》的序言中的一段文字,它们可以说是阿赫玛托娃那首诗歌的一个恰切的注释。在诗人的眼里,暴力和阴谋正在俄罗斯肆虐,整个国家都仿佛是一座巨大的监狱,昔日美丽、繁华、神圣的彼得堡已经成了一个"多余的尾巴",跟在市内大大小小的监狱背后无力地来回摆动。这个时候,大概只有死人才能享受到安宁,他或许会庆幸自己已经死去,不会再被尘世的恐怖所惊扰。

有一天,阿赫玛托娃想起了在顿河边度过的日子,想起了儿子列夫曾经喜爱阅读的一部当代小说——肖洛霍夫的《静静的顿河》,也许还想到了小说中那个被葛利高里遗弃的

女人阿克西尼娅,以及她那至死不悔的充盈的母爱……于是,她在精神的旷野上祈祷:

> 静静的顿河静静地流淌,
> 澄黄的月亮走进了屋子。
> 歪戴着帽子走进来,
> 澄黄的月亮见到了一个影子。
> 这是一个病恹恹的女人,
> 这是一个孤苦伶仃的女人,
> 丈夫进坟墓,儿子入监狱,
> 请为我做一做祈祷吧!

在这短短八行的诗句中,阿赫玛托娃在为自身的命运祈祷。"丈夫进坟墓,儿子入监狱",作为一个女人,谁能泰然地承受呢?谁又能不感叹命运的不公而向上帝祈求呢?

> 我大声呼喊了十七个月,
> 为的是让你能回家,
> 我扑倒在刽子手的脚下,
> 你是我的儿子,我的劫数。
> 一切都已永远混淆不清,
> 如今,我也不再能够分辨,
> 究竟谁是野兽,究竟谁是人,
> 等待刑罚还要多久。

惟有华贵的鲜花，
香炉的声响，通向虚无的
某些个蛛丝马迹。
一颗巨大的星星
直愣愣地看着我的眼睛，
用逼近的毁灭威胁我。

  对于创作这首诗的阿赫玛托娃来说，她那溢于言表的悲痛，堪与古希腊尼俄柏在丧子之后的恸哭相提并论。对于一位母亲来说，有什么还能比儿子的生与死在世界上更值得关注呢？为了列夫的平安，她可以放弃自己的一切，幸福、荣誉、高傲、爱情、事业，等等，甚至一直持守着的人的尊严。
  1939年夏天，终于等到了"判决"的那一天。在听到严厉的审判词的那一刻，阿赫玛托娃表现出了一个饱经苦难的母亲的镇静与坚强：

哦，石头一样的判决词，
落在我苟延残喘的胸口。
没关系，我早已做好了准备，
不论怎样我都能够承受。

今天，我有很多事情要办：
我要连根拔除记忆，
我要让心儿变作石头，

我要重新学习生活。

这种坚强与"承受",在另一首题为《致死神》的诗中有了进一步的深化:

> 你迟早都要来——何必不趁现在?
> 我一直在等你——过得很艰难。
> 我吹灭了蜡烛,为你把门打开,
> 你是那样的普通又神奇。
> 装扮成你觉得合适的面目,
> 像一颗毒气弹似的窜进来,
> 像老练的盗贼,手拿锤子溜进来,
> 或者用伤寒症的病菌毒害我。
> 或者你来编造一个故事,
> 众人感到滥熟到生厌的故事,——
> 让我看到蓝色帽子的尖顶
> 和房管员吓得煞白的脸色。
> 如今,我都无所谓。叶尼塞河在翻滚,
> 北极星在闪亮。
> 我钟爱的那双眼睛的蓝光
> 遮住了最后的恐惧。

上面这首诗的语调缓慢、滞重,抒情主人公面对人类最恐惧的存在——死亡,却表现出了出奇平静的泰然,大有视死如归的气概。但我们从这视死如归的字里行间可以读出其中的无奈,以及在无奈中也不能不捍卫的那种人的高贵和尊严。因为,阿赫玛托娃明白:

疯狂已经张开翅膀,
罩住了灵魂的一半,
大口灌进火辣的烈酒,
引向黑色的峡谷。

我明白,我应该给它
让出我的胜利,
仔细谛听自己的声音,
仿佛听到的是别人的梦呓。

它什么事都不允许,
什么都不允许我携带
(不论我怎样在乞求,
不论我怎样苦苦地哀告):

哪怕是儿子可怕的眼睛——
那化石一样的痛苦,
哪怕是风暴来临的那一天,
哪怕是探监会面的时刻,

哪怕是双手可爱的凉意,
哪怕是菩提树焦躁的影子,
哪怕是悠远、轻细的声音——
都是最后安慰的话语。

中年以后的阿赫玛托娃对《圣经》的故事和人物越来越感兴趣,她对人类的善与恶的衡量也有了新的认识,也更深刻地领会了思想者与先知之间的那种秘密的联系。是的,在这个世界上,诗人怎么可能碰不到"刽子手和断头台"呢?这是一种宿命,近乎先知般孤独的宿命!它注定了思想者必须去承担,去承担走上十字架的光荣。阿赫玛托娃在为儿子揪心的同时,也对儿子成熟的思想投去了敬意,给予了一个伟大母亲的理解:

天使们合唱同声赞美伟大的时刻,
天穹在烈火中逐渐熔化。
对父亲说:"为什么将我抛弃!"
对母亲说:"哦,别为我悲恸……"

然而,理解也依然消除不了痛彻心扉的悲伤,她告诉人们:

玛格达琳娜颤栗着悲恸不已,
亲爱的信徒如同一具化石,

母亲默默地站立的地方,
谁也不敢向那里看上一眼。

在《安魂曲》的《尾声》之一中,阿赫玛托娃述说了一个诗人的使命,以及对承诺的履行:

我知道一张张脸怎样憔悴,
眼睑下怎样流露惊恐的神色,
痛苦如同远古的楔形文字,
在脸颊上烙刻粗砺的内容,
一绺绺卷发怎样从灰黑
骤然间变成一片银白,
微笑怎样在谦逊的唇间凋落,
惊恐怎样在干笑中颤栗。
我也并非是为自个儿祈祷,
而是为一起站立的所有人祈祷,
无论是严寒,还是七月的流火,
在令人目眩的红墙之下。

在《尾声》之二中,她想到了俄罗斯的诗歌烈士普希金,想到了他著名的关于"纪念碑"的预言。但与这位先辈不同的是,阿赫玛托娃关注的不是那不朽的荣誉,而是始终笼罩在俄罗斯民族头顶的苦难,她希望以纪念碑来警示世人的记忆:

而未来的某一天，在这个国家，
倘若要为我竖起一座纪念碑，
我可以答应这样隆重的仪典，
但必须恪守一个条件——
不要建造在我出生的海滨：
我和大海最后的纽带已经中断，
也不要在皇家花园隐秘的树墩旁，
那里绝望的影子正在寻找我，
而要在这里，我站立过三百小时的地方，
大门始终向我紧闭的地方。
因为，我惧怕安详的死亡，
那样会忘却黑色玛鲁斯的轰鸣，
那样会忘却可厌的房门的抽泣，
老妇人像受伤的野兽似地悲嗥。
让青铜塑像那僵凝的眼睑
涌出眼泪，如同消融的雪水，
让监狱的鸽子在远处咕咕鸣叫，
让海船沿着涅瓦河平静地行驶。

关于《安魂曲》的创作和流传的背景，莉·楚科夫斯卡娅告诉我们：

> 从物质上吞没了一座城市整整一个街区的、而从精神上吞没了我们无论是醒着还是睡梦中的全部思想的监狱，

从报纸向每一个栏目、从广播的每一支喇叭里喋喋不休撒播着自己手工制作谎言的监狱，要求处于那种情况下的我们，即使是一个对一个的四堵墙里，也不要轻易提及它的名字。

但是，楚科夫斯卡娅和阿赫玛托娃似乎都属于那些不听话的人，她们仍然常常提到监狱。（她们又怎能不提及监狱呢？丈夫、儿子都在监狱里。）有时，她们也怀疑，哪怕仅仅只有她们两个人在场的情况下，也肯定有人在盯着她们，偷听她们的谈话。于是，就出现了这样的场景：

"安娜·安德烈耶夫娜来看我时，同样不敢大声地朗诵《安魂曲》中的诗句，可是在喷泉屋她自己的家里时，她甚至连悄声细语也不敢。说着说着话，她会冷不丁地打住话头，用眼睛向我指指天花板和墙壁，抓起一张纸和铅笔，然后又大声说一句上流社会常说的话："喝茶吗？"或是："您晒得可真黑呀。"随后，疾速在那张纸上写满了字，再把纸递给我。我把那纸上的诗句默读了一遍又一遍，直到背会了，才默默地还给她。"今年秋天来得早。"安娜·安德烈耶夫娜大声说着，划了根火柴，凑着烟灰缸把纸烧掉。

这都成了一种模式：手、火柴、烟灰缸，全都是一套美好而又可悲的程式。

类似的情况，海特的书中也有介绍：

> 会背诵作于那时的组诗《安魂曲》的有莉季娅·楚科夫斯卡娅、娜杰日达·曼杰什坦姆，还有其他一些朋友，但谁也不知道，除了自己，另外还有谁受托将诗句记在脑海里。有时阿赫玛托娃给他们看一些写在小纸片上的单独的几行诗，当她确信读诗的人记住了这些诗句时，就把纸片烧掉，有时她还随口朗诵一些新的片断。楚科夫斯卡娅记得，深夜，走在无人的街道上，她一遍又一遍默默地重复着刚刚读到的诗句，生怕忘记一个词或者弄错什么。

从上面的叙述中，我们知道，当时，为了保存这部作品，阿赫玛托娃不得已重新回到古希腊的荷马时代，在印刷术发明了几千年以后，诗人被迫恢复了行吟的传统。她先在脑子里写完某些片段并形成腹稿，再用铅笔潦草地写在纸片上，接着，递给自己最可靠的朋友，然后由后者默默地背诵，在另一个脑子里"存盘"，再毁弃手稿。有时，这些作品甚至从没有落实到纸上，在很长一段时间里，仅仅只是口口相传。它们直到1987年才得以全文发表在《十月》杂志上。

《安魂曲》的主题是以个人的苦难来折射民族的灾难和不幸，在谴责刽子手的卑鄙和残暴的同时，歌颂了受难者的崇高与尊严。就阿赫玛托娃的整个创作生涯而言，它们标志着一个重要的转折，诗人此前写作中的精致、纤细、典雅，仿佛脱胎换骨似地融入了粗犷、坚韧、沉着、有力的主导性声调之中，使作品既保持了细部的可感性，又摆脱了早期写作的纤巧与单薄，而呈现出肃穆、庄重的风格。作者凭借这部作品丰富并拓展了"抒情的历史主义"诗歌传统，也为自己跻身世界性诗歌大师的行列奠定了一块坚实的基石。

1939年，在一次作家会议上，斯大林不知出于什么缘故问了一声身边的人："阿赫玛托娃还在吗？"

身边的人马上回答："还在，她就住在列宁格勒。"

斯大林又问了一句："那她怎么一点东西都不写了呢？"

那个人赶忙解释道，阿赫玛托娃还在写，不过数量很少，而且也没地方发表，因为内部有禁令。

斯大林听了他的解释后说道："嗯，这样不太好。我看还是应该让她发表作品！"

正是有了斯大林的这一表态，阿赫玛托娃的生活和创作似乎出现了一线转机。苏联作协一些同情她的遭遇的领导和朋友便开始为提高阿赫玛托娃的生活费而四处奔波。苏共中央委员、著名作家法捷耶夫亲自给人民委员会副主席维辛斯基写信，希望后者能过问一下，指示列宁格勒作协解决这位著名诗人的住房问题。不久，阿赫玛托娃得到了从莫斯科寄来的三千卢布的困难补助，并且同意提高她的养老金。同时，更重要的是，各大出版社和杂志社纷纷开始向阿赫玛托娃约稿，令她一时感到颇有应接不暇的忙碌。当时，最权威的国家文艺出版社也给她寄来一份合同，准备出版她的诗集。

1940年初春，阿赫玛托娃应好友阿尔多夫的邀请，到他的住宅小住。此后，阿赫玛托娃每次来到莫斯科，必定住在阿尔多夫家，并在那里写出过不少作品。以至于后来，人们将她居住过的屋子称之为"奥尔丁卡"。有一天，阿赫玛托娃接到帕斯捷尔纳克的一个电话。帕斯捷尔纳克在电话里告诉她，玛琳娜·茨维塔耶娃也在莫斯科，很希望能与她见见面。

茨维塔耶娃比阿赫玛托娃年轻三岁，是俄罗斯"白银时代"最杰出的诗人之一，在为人和作诗方面有着同样锋芒毕露的个性。1910年，她出版了第一本诗集《黄昏纪念册》，马上便赢得了文坛前辈的关注，其中包括勃柳索夫、沃洛申和古米廖夫等，但他们从中读出的艺术趣味却是各不相同的，勃柳索夫看到的是象征主义的遗风，沃洛申感到的是略带唯美的线条感和音乐性，至于古米廖夫，则为作品所表露的日常性而欣喜。于是，他们都竭力希望她能投入自己的阵营。第二年，她出版了另一部诗集《神奇的灯》，却没有收到预期的效果，原先给予过好评的几位诗人都给出了较低的评价。对此，茨维塔耶娃做出的反应是："我如果是'车间'的成员，他们就不会如此辱骂了，可我永远也不会加入'车间'。"果然，她不仅没有加入"诗人车间"，而且一直独立于所有的文学社团和流派之外，与当时占据着主流地位的象征主义、未来主义和阿克梅主义保持着适当的距离，虽然，她与这些流派中的许多人都保持着个人的友谊。

这种"游离"的状态，无疑有益于她的创作个性的形成，但对她的写作环境和日常生活带来了很多不便和困难。1922年，茨维塔耶娃为了寻找流落在国外的丈夫艾伏隆，经由布拉格、柏林，来到了巴黎。白俄侨民界在对她表示了最初的欢迎之后,觉得她的诗歌"内容似乎是我们的,声音却是他们的",因此,认为属于"非我族类"而开始对她实行排斥和打击。这样,茨维塔耶娃顷刻间就陷入了两难的境地:"我在这里是多余的,而回到那里又不可能。"侨居期间,她的内心一直萦绕着那种刻骨铭心的乡愁。最后,由于无法忍受白俄侨民界的狭隘和虚伪,茨维塔耶娃毅然带着儿子莫尔回国。

应该说,阿赫玛托娃与茨维塔耶娃属于性情和诗风都不太一样的诗人,但都拥有莫大的诗名,而且尤其有意思的是,两位女诗人在写作的黎明期各自出版的诗集都以"黄昏"命名。这种巧合似乎暗示出了她们写作中的末世论因素,以及由此潜伏的"惺惺相惜"的可能性。早在出国前的1916年,茨维塔耶娃就写过一个组诗,题赠阿赫玛托娃,她在诗中称呼其为"哭泣的缪斯":

> 哦,哭泣的缪斯,缪斯中最美丽的缪斯!
> 哦,你,白夜肆无忌惮的怪物!
> 你让黑色的风暴席卷罗斯,
> 你的哀号像箭矢一般扎进我们的身体。
>
> 我们纷纷躲闪,一声低沉的叹息:唉!——
> 成千上百个声音——向你发誓。——安娜·
> 阿赫玛托娃!——这个名字——是巨大的叹息,
> 它向一个无名的深渊掉下去。

我们得到了加冕，因为我和你脚踏的
是同一块土地，头顶一个蓝天！
那个被你致命的命运所伤害的人
已经落入死亡的怀抱而不朽。

教堂的圆顶在我那悦耳的城市里闪光，
流浪的瞎子高歌赞美神圣的救主……
——我赠送你钟声齐鸣的城市
——阿赫玛托娃——附加我这颗心！

因此，20世纪最具世界性影响的两位俄罗斯女诗人可谓神交已久。在得知茨维塔耶娃意欲见面的信息后，阿赫玛托娃立即和她通了电话，表示自己可以去探望她，但后者表示最好还是由她来拜访阿赫玛托娃。于是，茨维塔耶娃约定了时间，准时来到了阿尔多夫家。两个人一见面，除了互相握了一下手以外，没有任何礼节性的客套与寒暄，甚至连通常的相互介绍都没有，很快就走进了阿赫玛托娃居住的房间。令人惊讶的是，那天她们在房间里聊了整整一天，连房门都没迈出过半步。至于聊了些什么内容，阿赫玛托娃从来没有对外人透露过，只是淡淡地说过一句："茨维塔耶娃是一个完全正常的、很为亲朋好友的命运担忧的人。"

第二天，茨维塔耶娃打来电话，希望还能见上一面。这一次，她们约在了文艺理论家哈尔吉耶夫家。哈尔吉耶夫对这次会见印象非常深刻，茨维塔耶娃的热情与阿赫玛托娃的安静恰好成了一种对比,在他看来,茨维塔耶娃就像是一管流动的水银,活泼多变;阿赫玛托娃则恬静、自然和完美到无可挑剔,尽管她承认自己在茨维塔耶娃面前就像小牛犊似的呆傻。

遗憾的是,她们没有能够再见上一面。1941年8月31日,"等待刀尖已经太久的"茨维塔耶娃在鞑靼自治共和国的一座小城叶拉堡市自缢身亡。茨维塔耶娃的朋友爱伦堡曾经这样说过:

(她)在谈到马雅可夫斯基的死时说:"作为一个人而生,并且作为一个诗人而死。对于玛琳娜·茨维塔耶娃则可以换一种说法:作为一个诗人而生,并且作为一个人而死。"或许,这个评价也适用于阿赫玛托娃,她一直尽最大的努力做一个人,并希望自己最终能像一个普普通通的人那样死去。而此刻的她,依然是人在旅途,尚需二十余年时间才会完成这个生与死的过程。

第十章
迟到的春天像一位寡妇

几经周折，1940年初夏，阿赫玛托娃的诗选终于得以问世。诗集题名为《选自六部诗集》，主要收录她以前出版的诗集中的作品，并增补了少量的新作。这些新作集为《柳树》置于全书的第一辑。诗集的出版让"阿赫玛托娃"这个久违了的名字重新出现在公众面前，为以前私底下传抄她诗歌的人们提供了一个合法阅读的版本。《选自六部诗集》的销售盛况空前，帕斯捷尔纳克在给阿赫玛托娃的一封信中谈到了这一点：

您的书出版的时候，我正在住院（患了脊椎神经炎），错过了亲眼目睹因该书出版而产生的轰动效应。有关长得跨过两条街道的购书队伍和好得出奇的销售纪录也有传闻。最近，安德烈·普拉东诺夫来过我这里，他告诉我，由于该书售缺而产生争斗的情况仍有发生，只要一倒手，一本书就可以卖上一百五十卢布。

在信中，帕斯捷尔纳克还写道：

您的名字本身已成为您所描绘的彼得格勒的杰出部分，正是在这层意义上，您还是阿赫玛托娃。……您过去几本书中所具有的复活时代的能力又得到了加强。在阅读之后，人们会再次相信，除了勃洛克，还没有任何人能够如此善于把握细节；通常而言，在继承普希金的创作方法上，您是唯一的一位。或许，我、谢维里亚宁和马雅可夫斯基有很多地方应归功于您，我们欠您的要比我们承认的多得多。

但是，阿赫玛托娃这次荣誉的秋天太过短暂，她很快便迎来了命运的又一个冬天。年底，有关当局又传达了一个禁令：立即销毁已出版的《选自六部诗集》。据说，诗集曾被呈送给有关部门，他们对其中一首诗感到不满。于是，各大书店、图书馆也纷纷把热销中的阿赫玛托娃诗集从书架上撤了下来。

这样的遭遇自然令阿赫玛托娃有点猝不及防，不仅养老金和住房没有着落，她本人又一次成了批判的对象。个人创作的被曲解，在流放地的儿子前途未卜，好友瓦列丽娅的重病，以及希特勒纳粹在欧洲赢得的最初胜利，等等，都在阿赫玛托娃的心头罩上了挥之不去的阴影。这时，帕斯捷尔纳克的又一封来信给予了她些许精神上的安慰：

> 我是否能做些什么，为了让您哪怕快活一点，为了使您能有兴趣在这重新降临的黑暗中生存下去？……如何才能提醒您，活着和想要活着（并非他人的想法，而是您的想法）是您对活着的人应尽的义务，因为生活观念是很容易被摧毁的，很少有人能撑得住，而您是生活观念的创造者。

最后，他提醒阿赫玛托娃"人在任何时候都不应失去希望"，她应该珍惜自己的希望，因为那是极富价值的事物。朋友的问候给了阿赫玛托娃一丝安慰，使她重新鼓足了生活下去的勇气。就在这个时候，阿赫玛托娃开始构思一部长诗，那就是《没有主人公的叙事诗》。

1941年6月22日，希特勒纳粹撕毁了《苏德互不侵犯条约》，对苏联发动了突然袭击，并以"闪电战"的方式很快逼近了首都莫斯科。

战争作为"恶"的一种极端方式，让人类残存的兽性找到了一个残酷的发泄渠道，破坏和摧毁了无数人类的文明成果，但同时，它也为人性的升华提供了一个台阶，刺激了隐蔽地成长着的良知和正义感,而我们知道,后者在更多的情况下是在凝聚力与集体合作精神的基点上得到印证的。而且,战争因为其"恶"的程度极大,涉及的范围极广,也把一些潜在的、琐细的"恶"给催逼出来,起初与之共生,最终与之同死,在离去的时候带走了它们。另外,它在客观上消除了人与人之间的戒心,抹掉了相当一个时期笼罩在俄罗斯人心头的孤独感和疏远感,帮助他们重新建立了相互信任、相互理解的关系。

就某种程度而言,苏联的卫国战争暂时收回了高悬在阿赫玛托娃头顶的"达摩克利斯之剑"。换句话说,她在写作手法、关注视角和艺术趣味上的个性因被误解(或曲解)而招致的那些批评与抨击,仿佛被时间不经意地按了一个暂停键。同时,由于民族危难的出现,战前那种个人蒙受压力的孤独被集体对抗暴力的方式消解了。阿赫玛托娃本人的精神和内心感受也发生了变化,为民族的存亡而激发的愤怒、痛苦和忧愁,代替了以往因个人的遭际而产生的郁闷和压抑。令阿赫玛托娃欣慰的是,她能够借此畅快地以诗人和公民的双重身份出现在她热爱的公众面前。当时,她曾写下这样一首诗:

> 但愿今日告别恋人的姑娘
> 能够把悲痛转化成力量。
> 我们对孩子们、对坟墓起誓:
> 谁也无法迫使我们投降!

毋庸讳言，在今天的读者看来，这是一首类似口号的诗歌，它直白、浅显，没有阿赫玛托娃写作中惯有的迂曲和含蓄的美感，甚至没有一点修辞的痕迹。但在烽烟骤起的年月，它却具有直入人心的力量，起着不可低估的号角作用。

1941年9月，列宁格勒电台邀请著名作曲家肖斯塔柯维奇通过广播给围困中的人民作演讲。就是在这次演讲中，肖斯塔柯维奇告诉大家，他新近正在创作一部交响曲，它将被命名为《列宁格勒》，其主题表现俄罗斯人的英雄主义和道德力量，展示人性与兽性、善与恶、和平与战争、理性与疯狂之间的斗争。数月以后，他完成了又名为《第七交响曲》的作品，在古比雪夫举行了首演。后来，通过空运，交响曲的总谱被送到美国，1942年7月，著名的指挥大师托斯卡尼尼指挥了演奏，广播电台也进行了现场直播，马上引起了听众们的共鸣与呼应。著名小说家阿·托尔斯泰在听完整个曲子后说道："《第七交响曲》是从俄罗斯人的良心中呈现出来的，他们坚定不移地接受了来自邪恶势力的挑战。"一位美国记者声称："怎样的魔鬼才能战胜创作出这部音乐的人民呀！"

随后，他们又邀请阿赫玛托娃到电台发表演讲。由于阿赫玛托娃身体不适，电台领导就委托奥尔加·别尔戈丽茨到她的住宅先录音，然后拿到电台播放。

别尔戈丽茨出生于一个医生家庭，是在苏维埃时代成长起来的女诗人，毕业于列宁格勒大学语文系，出版有诗集《诗集》《结》《忠诚》《记忆》和散文集《白天的星星》等。她的第一位丈夫鲍里斯·科尔尼洛夫也是一位才华横溢的诗人,在"大清洗"中屈死于狱中,第二位丈夫尼古拉·莫尔恰诺夫是一名杰出的文学理论家,则在1940年饿死于围困时期的列宁格勒。她本人也曾在1937年被控告"与人民的敌人有联系"而遭到逮捕。

在诗歌创作上,别尔戈丽茨一直把阿赫玛托娃看作自己的导师,她在一篇文章中写道:"安娜·安德烈耶夫娜·阿赫玛托娃曾经严格而又友善地品评我那时写得还很平庸的诗歌,而且在后来,当我已经写出了自己的几部主要的长诗,一直到现在,她都在帮助我,提出自己良好而聪慧的建议。"她的创作从遣词造句上和抒情结构上都师从阿赫玛托娃,由于个人的苦难经历,加上这种自觉的艺术选择,她的作品具有很强的悲剧性特征,有评论家认为,她的"诗歌的象征物是苦艾,这种植物的特性就是吸进了土地中的全部苦味"。

20世纪50年代初,别尔戈丽茨在《文学报》上先后发表了《谈抒情诗》和《反对消灭抒情诗》两篇文章,批评当时的很多诗歌缺乏最重要的东西,就是"没有'人'","亦即没有抒情主人公,没有对事件和风景的个人态度",甚至有不少诗人在写作爱情诗的时候都不敢使用第一人称。她认为,不能从诗歌里消灭人的个性,抒情诗的使命就是完成人的"自我表现","表现自己抒情性格的全部复杂性"。她进一步强调,实际上,诗人写自己本人也就是在写"全人类",人的灵魂并不低于时代,它和时代是同等伟大的,所以,不是非要"融入"到所谓的"伟大的时代"中去。因此,她呼吁,应该把爱情这样"固有的"题材重新还给抒情诗,把裸体画还给绘画艺术。

别尔戈丽茨的观点在当时的诗坛引起了很大的争议,支持者有西蒙诺夫、卢戈夫斯科依和瓦西里耶夫等,反对者有索洛维约夫、武尔贡、德鲁津、格里巴乔夫等。双方在报刊上发表文章阐述自己的观点,争论持续了两年多的时间,最后由法捷耶夫出面总结,以"各打五十大板"的方式了结。在特殊的年代,一个原本仅属于常识性的问题竟然会引发如此激烈的争论,这不能不说是非常态的现象,它从一个侧面反映了当时相当一部分人被扭曲了的人性标准和审美意识。因此,就当时的话语背景而言,别尔戈丽茨的看法具有相当大的积极意义。或许,在一个情感匮乏的时代,人们最需要的恰恰是"抒情"。

阿赫玛托娃非常重视这次演讲,事先还准备了一份讲稿。那一天,她通过话筒简洁而有力地发出了自己的声音:

> 我亲爱的列宁格勒的公民们,母亲们,妻子们,姐妹们!
> 一个多月以来,敌人用武力威胁着咱们这座城市,给它造成了严重的破坏。敌人用死亡和耻辱威胁着彼得的城市,列宁的城市,普希金的城市,陀思妥耶夫斯基和勃洛克的城市,伟大的文化和劳动的城市。我像所有的列宁格勒人一样,因这样一个想法感到窒息:我们的城市,我的城市可能会受到践踏。我的一生与列宁格勒密切相关——我在列宁格勒成为一名诗人,列宁格勒给了我的诗歌以生命。

我现在像你们大家一样，抱有一个不可动摇的信念：列宁格勒任何时候都不可能是法西斯的。当我看到列宁格勒的妇女们勇敢地保卫着列宁格勒，维持着它正常的人类生活时，这个信念在我的心中就更加坚定。

那一阵子，阿赫玛托娃和普通的列宁格勒妇女一样，头戴一只防毒面具，身背一只小挎包，站在喷泉屋的大门口值勤。别尔戈丽茨叙述道："在那些日子里，她绝对不是'哭泣的缪斯'，她在写诗、在演讲，她是一位俄罗斯和列宁格勒的真正和勇敢的女儿。"多年以后，她在诗中这样回忆阿赫玛托娃的形象：

> 在喷泉街旁，在喷泉街旁，
> 在紧闭的入口处前面，
> 在雕花的大铁门旁，
> 公民安娜·安德烈耶夫娜·阿赫玛托娃，
> 诗人安娜·阿赫玛托娃
> 在夜晚站岗。
>
> 防毒面具
> 　　挂在她的左边，多么沉重，
> 像往常似的空着她的右臂，
> 头上包裹着一块头巾，
> 　　绽开一条小缝，

露出明亮的眼睛，
亲爱的客人——缪斯啊，
　　手握一管小巧的风笛。

　　九月底，列宁格勒市委决定疏散一批作家到后方去，阿赫玛托娃也被列入了这批作家的名单。于是，她和其他作家一起坐上军用飞机先到了莫斯科，稍事调整后，再从莫斯科乘坐火车来到喀山，又从喀山来到一座偏远的小城奇斯托波尔。

　　当时，莉季娅·楚科夫斯卡娅已经先于她来到了奇斯托波尔。这是一座极其贫困的城市，环境恶劣，供应短缺，更要命的是，几乎没有什么就业的机会，这意味着，长此以往就非得饿死不可。有一次，莉季娅和茨维塔耶娃一起出门办事。她俩途经一条泥泞不堪的小路，其中一段路的积水差不多有齐腰深。

　　看到这种情况，莉季娅脱口说道："感谢上帝！幸亏阿赫玛托娃不在这里，否则，她只有死路一条，她可受不了这样的生活。"

　　"您以为我就行吗？"茨维塔耶娃反问道。莉季娅根本没有料到，外表倔犟、内心脆弱的茨维塔耶娃离开奇斯托波尔以后，没过几天就自杀了。

　　而令莉季娅更没有料到的是，被自己认为无法适应这里的生活的阿赫玛托娃也在不久后来到了这座小城。于是，她竭力劝说阿赫玛托娃离开这里，到塔什干去。一路辗转了半个多月后，她们终于来到了乌兹别克的首府塔什干。

在塔什干，阿赫玛托娃由苏联作协安排，住进了位于卡尔·马克思大街的莫斯科作家宿舍的二层楼。在战争阴影时刻笼罩着的年代，能够得到这样的待遇应当说是相当不错了。关于这一时期的生活，阿赫玛托娃在自述中写道：

> 我在塔什干一直住到1944年5月。在那里，我贪婪地捕捉着关于列宁格勒和前线的每一条消息。与其他诗人一样，我经常到一些部队医院去演讲，给伤兵们朗诵诗歌。在塔什干，我才初次领略了什么是酷热的滋味，以及树荫和潺潺的流水声；我在那里曾多次身患重病，它们让我了解到什么是人类的善良。

作为诗人，阿赫玛托娃经常被当地的诗歌爱好者邀请去参加各种集会，在集会上朗诵诗歌和发表演讲。她几乎是有求必应，有时即使是在生病的状况下，也不拒绝。因为，阿赫玛托娃知道："如今，诗歌在人们的生活中发挥着非常重大的作用。"

在塔什干，阿赫玛托娃遇见了小说家阿·托尔斯泰。阿·托尔斯泰在十月革命后一度流亡国外，后来应苏联政府的邀请回到祖国，被称为"红色伯爵"。阿赫玛托娃不喜欢他的摇摆立场，不愿与他来往。但这一次，她摒弃了自己的成见，在对方的主动示好下，重新建立了战乱中的友谊。

经过阿·托尔斯泰的介绍，阿赫玛托娃认识了一位波兰

画家恰普连斯基,他当时是波兰集团军总司令安德鲁斯手下负责文化工作的军官。后来,他记述了与阿赫玛托娃的这次会面:

> 在我所讲的那个夜晚,阿赫玛托娃坐在灯旁,身上穿着一件式样简单的连衣裙,有点像是一个口袋,或者神职人员穿的那种长袍。她向后梳起了灰白的头发,用一块彩色的头巾扎了起来。她或许曾经异常美丽,相貌端庄,古典式的鹅蛋脸,眼睛是灰色的。她不时会慢慢地喝上一口酒,话说得很少,而且说话的方式也有点儿奇怪,似乎在拿最为伤心的事儿半开着玩笑。

或许是由于双方的国籍与身份的差异,也可能是诗歌与美术的内在联系,俄罗斯诗人阿赫玛托娃与波兰画家恰普连斯基的交谈非常融洽,也非常坦诚。两个人几乎无所不谈,阿赫玛托娃对在座的出版家亚·吉洪诺夫说道:

"不知为什么,恰普连斯基比这儿所有其他人都让我感到亲切……"

她甚至将自己最揪心的痛苦也向他和盘托出:

"为了能够了解到儿子是否还活着,我低声下气地恳求过所有的布尔什维克负责人,但是仍然一无所获。"

相识没几天,阿赫玛托娃就写下了一首诗《那晚我们都因对方而疯狂》。十几年以后,她在回忆恰普连斯基护送自己回家的场景时,重新修改了这首诗:

那晚我们都因对方而疯狂,
只有不祥的黑暗为我们照明,
一条条沟渠在喃喃低语,
石竹花散发着亚洲的气息。

我们穿过这座异乡的城市,
穿过如烟的歌声和子夜的暑热,——
巨蛇星座下的两个人,
谁也不敢看上对方一眼。

这可能是伊斯坦布尔甚或是巴格达,
但是,唉!却非华沙,也并非列宁格勒,
而这种痛苦的差异令人窒息,
就像遭到遗弃的空气。

恍惚觉得:世纪也在身旁迈步,
一只无形的手击打着铃鼓,
那些鼓声就如同秘密的暗号,
在黑暗中围绕我们旋转。

我和你,在神秘的夜雾里,
仿佛走在无主的大地上,
可月亮像一只土耳其的钻石小舟,
突然闪现在相会即离别的上空。

在你那个我一无所知的命运里，
倘若那一晚倒回，重返你身旁，
你就会知道，这神圣的一刻
已经走进了某个人的梦乡。

由于阿·托尔斯泰和莉季娅的奔波和张罗，阿赫玛托娃于1943年在塔什干出版了一部《诗选》。《诗选》由评论家泽林斯基撰写序言，他在《序言》中写道："诗集展示了阿赫玛托娃诗歌的各种主题，这些主题中最主要的内容是俄罗斯、大自然、艺术、爱情、人物肖像。"帕斯捷尔纳克得知《诗选》出版的消息也非常高兴，他特意写了书评表示祝贺："诗集证明了女作家从未沉默过，虽有过短暂的停顿，但她始终响应着时代的要求。"据说，当时他一气儿写了两篇文章，其中一篇因故未能发表。

在塔什干，阿赫玛托娃还碰上了一件令她终生难忘的事情。有一次，她和另一位女诗人索莫娃上街买面包。走在自由市场上的时候，索莫娃突然发现，有一个衣衫褴褛的小男孩手里拿了一把剃刀，正准备划破阿赫玛托娃的衣袋。索莫娃赶紧抓住那个小男孩的手，却没有声张，只是低声告诉他："小家伙，你想干什么？这个列宁格勒的女人也正挨着饿呢！"

小男孩一愣，甩开手就跑走了。当时，类似这样的流浪儿到处都可见到，阿赫玛托娃和索莫娃也就不在意地继续往前走。

没过一会儿,索莫娃的眼神一亮,发现那个小男孩又在前面冲着她们过来了。她便笑着说:

"看来,这小家伙非想让我们送他到警察局去不可了。"

"算了,放过他吧!"阿赫玛托娃说道。

说话儿的功夫,那个小男孩已经走近了她们。他在她们面前停住了脚步。突然,小男孩将一样东西塞在阿赫玛托娃的手里,说了声:"阿姨,给您吃!"然后,拔腿就逃走了。

阿赫玛托娃不加防备地接了过来,原来是一个脏兮兮的破布包。打开一看,里面包裹着一块油炸饼。她不由得"扑哧"笑了出来:"这能吃吗?"

"为什么不能?"索莫娃说道,"他可是专为您偷的。"

很多年以后,这两个女人都还记得这个小男孩偷来的那件珍贵的礼物。

1944年5月,第二次世界大战已经接近尾声。胜利在望,许多撤离到后方的作家、艺术家和知识界人士也陆续返回自己的家园。5月31日,阿赫玛托娃回到了阔别将近两年的列宁格勒。战前,阿赫玛托娃曾与一位名叫加尔洵的医生来往非常密切。加尔洵曾正式向她求过婚并得到了允诺。结束了离乱的生活,阿赫玛托娃准备投进心上人的怀抱,期望开始一种"正常的生活"。这时,她却意外地发现,他已经移情别恋,正筹备着和自己的女同事结婚。对阿赫玛托娃来说,这自然是一个不小的打击。

《没有主人公的叙事诗》的其中一个部分原本是题献给加

尔洵的。后来，阿赫玛托娃为了彻底驱除他给自己留下的阴影，就将献辞取消了。不过，她的首饰盒里还一直保存着加尔洵送给她的礼物，一枚小胸针，上面镶嵌了一粒雪青色的宝石，宝石上有一个古典美人的头像。据说，1956年4月20日那一天，阿赫玛托娃突然发现这枚胸针上的宝石起了裂纹，她惊讶不已。事后才知道，这一天恰好是加尔洵病死的日子。

1945年5月8日，苏联军队攻克了柏林。第二天，亦即5月9日，被命名为胜利日。胜利是值得欢庆的，它告诉人们，盼望已久的和平终于来临了。但是，在阳光明媚的春天，阿赫玛托娃想到的是冬天里夭亡的生命，那灌溉肥沃的黑土地的鲜血，正是在这种追思的意念驱使下，她动笔写作了《追悼亡友》：

> 胜利日这一天，柔雾弥漫，
> 朝霞如同反照一片殷红，
> 迟到的春天像一位寡妇，
> 在无名战士的墓前忙碌。
> 她双膝下跪，不急于站起，
> 吹一吹花蕾，拂弄一下青草，
> 把肩上的蝴蝶轻轻放到地上，
> 让第一棵蒲公英绽开绒毛。

第十一章
声音在空气里燃成灰烬

1945年11月,一个英国人闯进了阿赫玛托娃的生活。

这一年秋天,英国政府委派以赛亚·伯林担任驻苏联大使馆的临时一秘的职务。伯林出生于当时属于苏联加盟共和国之一的拉脱维亚的一个犹太人家庭,后随父母迁居彼得堡。十月革命后,全家流亡英国,伯林就读于牛津大学。由于这样的特殊背景和身份,他极有可能被当作叛逃的苏联人而逮捕起来。因此,赴任之前,伯林内心还存有余悸,不断地做着被捕的噩梦。他一再对自己说,如果发生那样的事情,就举起手枪自杀。

9月8日,伯林抵达莫斯科。到任不久,伯林正好碰上大使馆举办的一次宴会,这使他很快接触到了当时苏联文艺界的一些著名人物。在宴会上,几乎每个苏联人都心怀恐惧。经过了"大清洗"和战争,俄罗斯大地就像一片遭受了毁灭性大火的森林,到处笼罩着一片颓败、阴郁和恐怖的气氛。不过,事情也并没有像他先前担心的那样严重,他本人的人身安全还是有保障的,外出行动也基本不受什么限制。过了几天,他到莫斯科郊外佩列尔金诺的作家村偷偷会见了帕斯捷尔纳克,后者的妹妹曾委托他捎来一双靴子。

由于打听到列宁格勒的旧书店里出售的图书要比在莫斯科的品种更丰富一些,而且可能还存有不少革命前的资料,因此,伯林决定到这座童年曾居住过的城市走一趟。11月13日,伯林乘坐红箭号火车来到了阔别已久的列宁格勒。很快,伯林就在涅瓦大街的尽头找到了这家书店,里面摆放着一架又一架旧书,价格则比在莫斯科便宜得多。书店还有一个套间,很多作家、评论家和书商把它当成了一个准俱乐部,在这里交换图书、浏览和闲聊。正是在这个由帘子隔挡出来的里间,伯林与一位评论家弗·奥尔洛夫攀谈了起来。奥尔洛夫是著名的勃洛克研究专家,向他介绍了不少作家的境况。事有凑巧,著名小说家左琴科当时也在那里。伯林曾经读过左琴科的讽刺作品《澡堂》,对他有着一定程度的了解。经过奥尔洛夫的介绍,两人得以相识。但是,在伯林的印象记中,当时左琴科的脸色看上去有点儿苍白,人也显得虚弱而憔悴,消瘦不堪,而且神情孤僻、冷漠。在寒暄了几句之后,左琴科继续翻阅手中的图书,没有加入他们的谈话。

接下来，奥尔洛夫向伯林提起了阿赫玛托娃。对于伯林来说，阿赫玛托娃这个名字似乎来自那个已经彻底消失了的沙皇时代，类似一个传说中的名字，他根本没想到她还活在人世。奥尔洛夫的推荐让他特别惊讶，阿赫玛托娃不仅还健在，而且就住在离这里不远的喷泉屋里。随后，奥尔洛夫问他，有没有兴趣拜见她一下。伯林听了这一建议，异常兴奋，觉得不啻是去朝见英国维多利亚时代的女诗人克利斯蒂娜·罗赛蒂或其他准神话式的人物。于是，奥尔洛夫给阿赫玛托娃通了电话，阿赫玛托娃在电话里同意在当天下午接待他们。

下午三点钟，奥尔洛夫陪同伯林准时来到了阿赫玛托娃的住处。走进她的房间，伯林惊讶地发现：

> 地板上没有地毯，窗户上没有窗帘，只有一张小桌、三把椅子、一个木橱、一张沙发，在离床不远的地方有阿赫玛托娃的一幅肖像画——低着头，斜靠在躺椅上——这是1911年在巴黎时她的朋友阿梅代奥·莫迪利阿尼给她画的一张素描。

阿赫玛托娃裹着白色的披肩，站起来迎接来自欧洲大陆的来访者。虽说她身材已经发胖，衣着也显得有点儿破旧，但依然不失高贵和尊严。宾主落座后，开始了一场正式和拘谨的谈话。但是，谈话很快被一件意外的事情给打断了。原来，英国首相温斯顿·丘吉尔的儿子伦道夫·丘吉尔来到列宁格勒以后，急于找到大学时代的好友以赛亚·伯林，他不知通过什么途径获知伯林就在这个喷泉屋内，就站在院子里大声叫嚷着"以赛亚、以赛亚"。伯林一听这喊声，吓出了一身冷汗，赶紧向主人表示歉意，随即走出了屋子。与此同时，陪同他一起到来的奥尔洛夫也像惊弓之鸟似的匆匆离去。

在安顿好小丘吉尔以后，伯林给阿赫玛托娃打了一个电话，为下午的事情再次向她道歉，并希望能再次拜访她。阿赫玛托娃的回答是，如果他想接着聊的话，可以在晚上九点钟再去她家。这一次的谈话比下午要融洽很多，他们谈起了几位共同的熟人，如：卢利耶、安列普、阿达莫维奇、莎乐美·安德罗尼科娃等。在谈话中，阿赫玛托娃又一次表明了她本人对"流亡"的态度：她理解其他人到国外生活的选择，但自己决不会离开祖国。她本人和她的诗歌就植根在俄罗斯人民中间，在孕育她成为一名诗人的母语中间，她的位置就在这里。因此，她别无选择。

话题展开以后，阿赫玛托娃仿佛忘记了两人之间的年龄差异（伯林比她小整整二十岁），对他讲起了淘气的童年时代，情窦初开的少女时代，谈到自己的孤独与寂寞，谈到列宁格勒，这个城市已经成了一个大墓地，里面安息着很多朋友的灵魂，谈到了博学多才的洛津斯基，谈到了命运多舛的曼杰什坦姆，谈到了勤奋的帕斯捷尔纳克，谈到了儿子列夫，也谈到了自己与悲剧诗人古米廖夫的婚姻。在说到1921年他被无辜枪决时，阿赫玛托娃热泪盈眶。不过，颇有意思的是，对于就住在隔壁的普宁，她却只字未提，或许，那是女诗人内心的一个隐痛。

伯林则告诉她在里加的生活，以及自己还是一个孩子的时候，曾目睹一位阿赫玛托娃的崇拜者如何能够一字不落地背诵其作品。阿赫玛托娃给他朗诵了不少诗歌，有拜伦《唐璜》的片断，有她自己的抒情诗，已经完稿了的《安魂曲》，还有正在写作中的《没有主人公的叙事诗》。在听到《没有主人公的叙事诗》时，伯林激动不已，认为这是一部写给全欧洲的"安魂曲"。令他不曾料到的是，若干年后，阿赫玛托娃对这部作品进行了修订，伯林作为一个来自未来的"神秘访客"也被写进了长诗中。

凌晨三点钟，阿赫玛托娃的儿子列夫从外面回来了，他走进厨房，找到了一点煮土豆，放进一个盘子端了出来。阿赫玛托娃因为没有什么东西可以招待客人而略有歉意，但伯林一点都不以为然。在其后的回忆中，他一直都高兴地记得，在那间幽暗的房间里，三个人坐在挨近炉火的桌子旁，如何兴致勃勃地分着吃完了那几个土豆。列夫回到自己的房间以后，阿赫玛托娃与伯林继续他们的谈话，话题涉及了俄罗斯的一些经典作家，普希金、屠格涅夫、托尔斯泰、陀思妥耶夫斯基、赫尔岑、契诃夫等，在对这些作家的评价中，他们也表现出分歧，这从一个侧面也反映了他们各自的心境和立场。正如《伯林传》的作者伊格纳季耶夫所分析的那样：

这些不仅仅是爱好的不同：它们标志着他俩情感世界之间的界限——以赛亚被屠格涅夫的轻快、精致和嘲讽意味所吸引，陀思妥耶夫斯基的暴力、阴暗以及强烈的感情则让他反感；阿赫玛托娃认同陀思妥耶夫斯基对内心世界深入的描写，却无法忍受屠格涅夫的微妙和精细之处。这种品位的区别当然也是环境造成的。屠格涅夫的纤细精美在以赛亚所在的牛津可以打动一颗安逸的心，但很难想象它在斯大林的列宁格勒能够找到接受者。……以赛亚因为托尔斯泰宽广的历史眼光而将他理想化，阿赫玛托娃则厌恶他身上那种她看作是对性的伪善的东西。

他们的谈话几乎无所不包，从最具体的日常生活到最抽象的、纯精神性的问题都涵括其中。当伯林问她，意大利文艺复兴对她而言是一个真实的世界还是一个想象的世界，阿赫玛托娃的回答是"想象的世界"。她说，一切诗歌和艺术"都是怀旧情绪以及对具有普遍性的文化的渴望的一种形式，就像歌德和施莱格尔所设想的那样，是所有那些成形于艺术和思想中的事物——自然、爱、死、绝望和牺牲——的一种形式，是一种没有历史可言的现实的形式，在它之外空无一物"。

时间在不知不觉中流逝。

天色早已大亮。伯林看了看表，指针已经移到了十一点。于是，他恋恋不舍地告辞。

伯林急匆匆地回到阿斯托里亚宾馆，一头倒在床上，嘴里不住地嘟哝着："我恋爱了，我恋爱了。"在伯林的意识里，这次列宁格勒之行，除了阿赫玛托娃以外，仿佛什么都没有发生过。可实际上,他俩甚至连手都没拉过一下,那种精神上的沟通已经把他们带到了爱情的最高境界。

第二年的1月3日,伯林在去赫尔辛基的路上,途经列宁格勒。他又一次叩响了阿赫玛托娃的房门。伯林送给阿赫玛托娃一本英文版卡夫卡的《城堡》和一位德国诗人西特维尔的诗选。她则回赠了几本自己的诗集,其中一本的题词是"用漠然的手将黑色的蝮蛇放到她暗黑的胸口",借用的是古埃及女王克莉奥佩屈拉的故事,述说的是诗人自身的处境,以及她的态度。另一本书上的题词则是:

> 没有人叩击我的门,
> 只有镜子梦见镜子,
> 宁静守候着宁静。

后来,阿赫玛托娃还写了一个组诗《诗五首》献给伯林,回忆那个夜晚一对忘年的朋友之间美好的交流:

> 仿佛云彩浮起在天际,
> 我回忆起你的话语,
>
> 由于我对你的倾心相告,
> 夜晚变得比白昼更明亮。

在另一首诗中,她表达了更为炽热的情感:

> 声音在空气里燃成灰烬，
> 晚霞被黑暗逐渐吞噬，
> 在这个永远缄默的世界上，
> 只有两个声音：我的和你的。
> 黄昏，从看不见的拉多加湖，
> 透过若有若无的钟鸣声，
> 深夜的热烈交谈化作了
> 虹彩交叉的一道微光。

但是，两位当事人都没有想到，他们的会面最终给诗人惹来了很大的麻烦。在克格勃的档案中，伯林被当成英国间谍，同时，阿赫玛托娃则背上了"里通外国"的嫌疑，似乎更坐实了她那"国内侨民"的身份。据说，斯大林得知此事后，说了一句："如今，我们的修女和英国间谍勾搭上了。"

1946 年 8 月 14 日，阿赫玛托娃出门到作协大楼去办事，路上遇见了左琴科。当时，左琴科走在马路的对面，一见到阿赫玛托娃，赶紧向她走来，问好以后，就唉声叹气地说：

"哎哟，安娜·安德烈耶夫娜，现在该怎么办呢？忍下去？难道这还能忍得下去吗？"

阿赫玛托娃觉得有点莫名其妙，只好顺着他的话劝说道："当然，您就忍着吧！忍一忍，说不定就过去了。"她以为左琴科大概是发生了家庭矛盾，并没有太在意。

可是，左琴科似乎有点悟出了什么道理，就说道："您简直想不到，这几句话对我的帮助有多大！"

说完,他道了别,便匆匆离开了。

原来,就在这一天,苏共中央作出了一项重要决议《关于〈星〉和〈列宁格勒〉杂志》。该《决议》严厉批评了《星》和《列宁格勒》杂志,认为他们不恰当地为作家左琴科和诗人阿赫玛托娃那些在意识形态上既缺乏思想性又具有很大的危害性的作品提供了版面。《决议》白纸黑字地写着:

> 阿赫玛托娃是与我国人民背道而驰的、内容空洞、缺乏思想性的典型代表。她的诗歌充满悲观情绪和颓废心理,表现出过时的沙龙诗歌的风格,停留在资产阶级——贵族阶级唯美主义和颓废主义以及"为艺术而艺术"这一理论的立场上,不愿与本国人民步调一致,对我国的青年教育事业造成危害,因而不能为苏联文学界所容忍。

数天后,列宁格勒市委书记安德烈·日丹诺夫在苏联作家协会列宁格勒分会和市委会议上传达了这一《决议》的精神。他在《关于〈星〉和〈列宁格勒〉杂志的报告》中声称:

> 阿赫玛托娃的选题范围完全是个人化的。她的诗歌是一个大发脾气、在小客厅和祈祷室之间来回走动的贵族小女人的诗歌,其涉及的领域狭小到可怜的程度。诗歌的主要内容是:与忧郁、相思、死亡、神秘主义、劫数等情节交织在一起的爱情—色情情节。对劫数的感受——一种完全合乎濒临灭绝的群体的社会意识的感受——临死前悲观

绝望的低沉调子以及掺有一半色情成分的神秘感受——这便是她，一去不复返的过时贵族文化和美好而古老的叶卡捷琳娜时代的残余之一，阿赫玛托娃的精神世界不知是修女还是荡妇，更确切地说，是集淫荡与祷告于一身的荡妇兼修女。

日丹诺夫的讲话沿用了形式主义文艺理论家艾亨鲍姆的一个研究结论，但赋予了完全不同的意味。接下来，他进一步定性：

> 阿赫玛托娃的创作是一种遥远过去的活动；它与现代苏联的现实状况格格不入，不能为我国刊物的版面所容忍……阿赫玛托娃的作品能够给我国青年带来什么有教益的东西吗？除了害处什么都没有。

《决议》和《报告》都是在8月宣布的，这使阿赫玛托娃的一生都对这个神秘的月份感到惊恐，觉得那是她命运中的灾月，生命的大忌。

9月4日，苏联作家协会理事会主席团作出决定：解除吉洪诺夫的苏联作家协会主席的职务，改组《星》杂志的编委会，勒令《列宁格勒》杂志停刊，开除左琴科和阿赫玛托娃两人的苏联作家协会会籍，停止刊登他们的作品。

这个决议的负面影响殊为深远。由于它是在报纸上公开宣布的，与此前那些"内部禁令"不同，其波及面之大出乎人们的想象。它不仅让国内很多作家和诗人成为"惊弓之鸟",而且也对俄罗斯侨民的精神生活给出了致命一击。第二次世界大战以后,许多移居国外的俄罗斯作家曾经考虑过返回祖国,其中包括诺贝尔文学奖的获得者伊万·布宁。但是,当时针对知识分子的政策却使他们打消了归国的念头。从某种意义上说,1946年8月14日成了一个标记,意味着文化"冷战"的开始。历史之轮一路旋转,直到1988年10月20日,苏共中央政治局才作出了撤销《关于〈星〉和〈列宁格勒〉杂志》的决议。但是,四十多年间造成的损失已经无法真正挽回,两位主要的蒙难者都已离开人世。

　　阿赫玛托娃再一次被剥夺了发表诗歌的权利。无奈之下,她只好接受朋友们的建议,从事外国诗歌的翻译工作。早在30年代,阿赫玛托娃和曼杰什坦姆就共同表示过诗歌是不可翻译的看法,觉得一位诗人如果去从事这项工作,意味着对自己的才华和精力的浪费。为此,他俩还批评过帕斯捷尔纳克,规劝他把精力更多地放在创作上。直到晚年,阿赫玛托娃还在一封致友人的信中坚持这一观点:"我完全相信,对于诗人来说,翻译是极为有害的事情。"

　　如今,为了生存,阿赫玛托娃极不情愿地做起了译诗这件事情。根据有关人士的统计,阿赫玛托娃在这段时间里总共翻译了五十多位外国和苏联其他民族的诗人的数千行诗歌,涉及的语言约有三十种。当然,这并不意味着阿赫玛托娃精通了如此众多的语言。在很多情况下,她是通过某个语种的专家的逐字逐句的解释性译文,进行一种类似重写的翻译活动。其中,最典型的便是50年代初她对中国古代诗人屈原的《离骚》的翻译。

在《安娜·阿赫玛托娃与中国诗歌(俄译本屈原)》一文中,著名的俄罗斯汉学家费德林详细记载了此间的经过。起初,阿赫玛托娃拒绝了费德林希望她参与翻译屈原的邀请。她真诚而直率地发表了自己的看法:"我对中国诗歌,它的特点、格律,都一窍不通。无论汉语,无论汉字,对我来说都深不可测。对于我,这完全是一个不可知的世界,我看不见有任何可以到达这一世界的通道。"她觉得,在不懂得原著语言的情况下,译者免不了会将译文搞得像逐字逐句的直译。作为一名有着多年诗歌实践的诗人,她旗帜鲜明地指出,这种直译同诗歌翻译艺术是不相容的:

> 这种翻译,一般来说,只不过是逐词逐句照字面直译而已,或者不如说,是用基里尔字母替换了方块汉字。我的看法是,翻译全然不是用母语的文字取代外国文字。机械地搬弄文字和音响,例如,搬弄汉语和俄语的文字和音响,只能粗鲁地歪曲原著的意义,只能造成对原著的曲解,或者客气点说,只能造成对文艺作品的不理解……

尽管持有这样的看法,阿赫玛托娃因盛情难却,最后接受了费德林的邀请。在从事《离骚》的翻译工作中,阿赫玛托娃在"知其不可为而为之"的情况下,仍然发表了一个天才诗人的真知灼见。她告诉费德林:

> 诗歌中最本质的东西是不可解性……每一位创作者的不可解性都是属于他自己的，不可模仿的。当然，《楚辞》那难以理解的铿锵音韵和音调还是能够同别的一些诗歌作品进行比较和对照的。但是，《楚辞》只能够在中国产生。《离骚》这首哀诗是一种严整的，首先是深沉的民族的现象。……在我看来，一节诗或一行诗，很像结晶体，像世界的某种模型，时间与和谐的结构。屈原的《楚辞》也好，《诗经》中的歌谣也罢，它们都以自己的方式表达出思维的方法与方式。表达出深入到各种现象实质中去的方法，发现真理的方法……

不仅如此，费德林的回忆还告诉我们，阿赫玛托娃如何在工作和生活中维护着自身和他人的尊严。在他的印象中，阿赫玛托娃无疑是一个出色的人物，有着比常人高出很多的特异之处，但是，她从来没有流露过一丝一毫的傲慢。阿赫玛托娃从来没有在同行中好为人师的习惯，她十分明白，每个人都会自己给自己挑选老师。因此，她也从来不横加指责别人，即便在她拥有充分的理由这么做的时候。"批评别人不是她处事接物的规矩"，她宁愿用非常有克制的语言说出自己的看法和设想。而且，她在这样做的时候，始终掌握着适当的方寸感和尊严感。显然，"这并不是某种担心害怕或者犹豫不决的表示。这是她内在的高尚风度——对人的谦恭态度"。

或许是诗人之间那种秘密的联系，也可能是阿赫玛托娃在屈原的命运和诗歌中找到了共鸣点——纯洁、真诚和高尚的道德情操，随着工作的进展，她越来越投入到那个陌生而奇妙的世界里了。按照费德林的叙述，"她以她自己的方式探索并找到了途径去深入理解上下文的关系，深入理解它的创作者，那个特具个性的人物的生活，深入理解他的语言——深入理解构成诗歌艺术的这些成分。"

> 长太息以掩涕兮，
> 哀民生之多艰。
> 余虽好修姱以鞿羁兮，
> 謇朝谇而夕替。
> 既替余以蕙纕兮，
> 又申之以揽茝。
> 亦余心之所善兮，
> 虽九死其犹未悔。
> 怨灵修之浩荡兮，
> 终不察夫民心。
> 众女嫉余之蛾眉兮，
> 谣诼谓余以善淫。
> 固时俗之工巧兮，
> 偭规矩而改错。
> 背绳墨以追曲兮，
> 竞周容以为度。

我们不难猜测，当阿赫玛托娃用俄语吟诵上述诗句的时

候,肯定有着借他人之酒杯,浇心中之块垒的快意。正是那种心灵上的感应,令费德林欣喜地发出了感叹:

> 由于一位诗歌天才的参与,中国远古歌手的音响,以及他纯洁的、真诚的声音,心灵的激动和悲凄情怀又得以在我们眼前重现。原本是异国他乡的、刚刚似乎是很陌生的东西,眼看着却变成了我们自己的,同我们很贴近的东西。这种转变实质上就是中国古代诗歌在俄罗斯土壤上的再生。

1953年3月5日,斯大林因脑溢血逝世。

1954年12月16日,苏联作家协会召开了第二次全国作家代表大会。阿赫玛托娃收到了大会的邀请函。这样,她在莫斯科宾馆住了十天,会见了许多朋友,其中就有当时的作协领导人法捷耶夫、苏尔科夫等,以及曾获斯大林文学奖的小说家肖洛霍夫和著名诗人、随笔作家爱伦堡。法捷耶夫和苏尔科夫都非常同情阿赫玛托娃,此后也专门找到有关部门请求重新审理列夫的案件。肖洛霍夫对阿赫玛托娃的印象也很不错,马上答应帮她的忙,利用自己的身份与有关领导通一下电话。但是,由于他在饭桌前多喝了几杯,竟然把这件事忘了个一干二净。爱伦堡早年也曾参与俄罗斯现代主义诗歌运动,是一个极富侠义心肠的作家,曾热心地帮助过茨维塔耶娃。他在这一年的《旗》杂志上发表的中篇小说《解冻》在文坛上引起了很大的反响,后来被评论家称之为开了"解冻文学"的先河。60年代,他创作了一部大型回忆录——六卷本的《人、岁月、生活》,成为研究20世纪俄罗斯文学的宝贵文献。这一次,他听说了阿赫玛托娃的遭遇之后,便以个人的名义给赫鲁晓夫写了一封信,信中还附上了几位东方学专家对列夫的才华和工作能力的评价。

  不过,当时的苏联政治仍属于乍暖还寒的气候。因此,列夫的案件一直拖到了1956年才得到了解决。五月,列夫被释放回家。遗憾的是,回家后的列夫并不理解母亲,两人之间似乎存在着难以消除的隔阂,之所以会出现这种尴尬,部分地是由于童年时代远离母爱的环境,另一部分大概跟他成年后所遭受的磨难有关,这些磨难的导因之一就是他是古米廖夫和阿赫玛托娃的儿子。

第十二章
作为世间一切的见证

1955年,阿赫玛托娃在列宁格勒的远郊柯马罗沃分到了一个小别墅。

柯马罗沃是位于芬兰湾北岸的一个小镇,之所以这样命名,是为了纪念一位著名的植物学家柯马罗沃。这里的气候宜人,风景优美,着实是写作、休假和疗养的理想环境。20世纪50年代,列宁格勒市政府在这里建造了一批别墅区,一部分分配给专家、学者居住,称为科学院城;另一部分则划归苏联作家协会列宁格勒分会,称为作家村。阿赫玛托娃的小别墅实际是一间芬兰式的小木屋,离火车站不远,掩映在一片茂密的松林里。对于长期过着漂泊生活的阿赫玛托娃来说,这一间"自己的屋子"可实在值得珍惜。她亲切地称其为我的"岗亭",以怀念自己在敖德萨近郊出生时的那间小木屋。正是在这里,阿赫玛托娃远眺大海,思绪万千,写下了充满人生感慨的《海滨十四行诗》:

> 这里的一切将比我活得更长久,
> 一切,即便是破旧的鸟巢,
> 以及这空气,春天的空气,
> 它刚好完成了越海的飞行。
>
> 而一个永恒的声音在呼唤,
> 蕴含着非尘世的不可抗拒性,
> 在鲜花盛开的樱桃树上空,
> 轻盈的月亮流溢着清辉。
>
> 这条路看起来是那么容易,
> 在碧绿的密林深处闪烁白光,
> 我并不知道它通向何方……
>
> 那里,树干之间更为明亮,
> 一切仿佛在林荫小道上,
> 就在皇村的池塘旁。

从此,只要天气晴朗,阿赫玛托娃便愿意乘坐电气火车从列宁格勒来到柯马罗沃,在"岗亭"里待上一阵子。她还经常在这里接待来访的外宾。1962年夏天,美国诗人罗伯特·弗罗斯特和里弗因受到科学院院士阿列克谢耶夫教授的邀请,来到柯马罗沃的科学城做客。科学城离阿赫玛托娃的"岗亭"不远,于是,在阿列克谢耶夫教授的安排下,两位饮誉20世纪世界诗坛的大师级人物进行了一次历史性的会见。当时,弗罗斯特已年届八十八岁高龄,阿赫玛托娃也到了"从心所欲"而"不逾矩"的七十三岁的"古稀之年"。这一年,外界一直盛传着弗罗斯特与阿赫玛托娃将赢得该年度的诺贝尔文学奖,这就更赋予了他们会见的特殊意味。

　　弗罗斯特不懂俄语,对阿赫玛托娃的创作情况也不太了解。但他仍然十分敬重她,特意赠送了她一本自己的诗集,并且十分认真地题下了赠语。在阿列克谢耶夫的提议下,阿赫玛托娃朗诵了两首诗,第一首的诗名是《我不再为自己的事而哭泣》:

> 我不再为自己的事而哭泣,
> 但愿在尘世间我不再会看见
> 金色的烙印不走运地
> 打上依然十分安静的额头。

　　这首诗是题赠给约瑟夫·布罗茨基的。她朗诵的另外一首诗是《最后的玫瑰》:

> 我要和莫洛佐娃一起鞠躬致意,
> 和希律王的继女一起跳舞,
> 随着浓烟飞出狄多的篝火,
> 为的是与让娜再度走上火刑架。
>
> 上帝!你看哪,我已倦于复活,
> 甚至也倦于死亡、倦于生活。
> 拿走一切吧,但要留下这朵红玫瑰,
> 让我再一次感受到它的鲜艳。

莫洛佐娃是17世纪俄国的大贵族,沙皇的亲戚,她笃信分裂派教义,曾与阿瓦库姆通信。1671年被逮捕,在酷刑面前仍不放弃自己的信仰,后死于监禁地博罗夫斯克修道院。著名画家苏里科夫曾以她的事迹画过一幅著名的油画。第二个典故出自《新约圣经·马太福音》,希律王生日,他新娶的妻子希罗底与前夫生的女儿莎乐美当众跳舞,赢得了希律王的欢心,便以"你要什么,我都允许"作为奖赏。于是,莎乐美便提出要先知约翰的人头。希律王不好反悔,便命人杀了约翰,献上头颅。莎乐美一见约翰的人头,就扑了上去狂吻不止,说道:"不能和你活着的头颅亲吻,就和你死去的头颅亲吻吧。"这时,希律王才回过神来,原来,莎乐美爱上了约翰,因爱而不得便欲置其于死地,也就命人杀了莎乐美。狄多是罗马传说中迦太基的女王。在特洛伊城毁灭后,埃涅阿斯曾经来到狄多处避难,狄多爱上了埃涅阿斯。但是,埃涅阿斯决意回到罗马，因此离开了她。狄多在万念俱灰的心情下，自杀身亡。让娜是15世纪法国的一位民族女英雄，被宗教裁判所当作异教徒，以使用妖术的罪名送上火刑柱烧死。阿赫玛托娃在这首诗中引用了这四个典故，主要是以历史的殉难者自况，阐明自己在历尽沧桑以后其犹不悔的信念。这首诗前面还引用了布罗茨基题献给阿赫玛托娃的一句诗歌："您隐晦地描绘着我们……"。

20世纪60年代初，由于官方在意识形态和公开出版物的控制，列宁格勒活动着不少地下性质的诗歌小组。其中有一个诗歌小组与阿赫玛托娃的联系最为密切。它的主要成员有约瑟夫·布罗茨基、叶夫盖尼·莱因、阿纳托利·奈曼和德米特里·博贝舍夫。有一段时间，他们时常去拜访阿赫玛托娃，聆听她关于诗歌的见解，接受她对他们作品的意见。因此，阿赫玛托娃去世后，他们被人们戏称为"阿赫玛托娃的遗孤"。

除了布罗茨基以外，其他三人都曾是列宁格勒工学院的学生。在四人中间，莱因年龄最大，出生于1935年，大学毕业后，曾在工厂、地质队和电影资料馆工作过。出版有诗集《桥的名字》、《海岸线》、《镜子的黑暗》和《逆时针》等。他的创作具有坦诚的个性，他表达内心的感受时，善于将外在事件——会晤、旅行、观察——置放进一个浓缩的形式里，并赋予其深湛的精神内涵。因此，莱因被公认为年轻一代中彼得堡的"阿克梅传统"最出色的传人。莱因的写作风格对其他人也深有影响，布罗茨基就承认从他那里学到了不少写

作的秘诀,并在多种场合转述过他的一个意见:

> 要想写好诗,就必须把形容词压缩到最低限度;诗里填塞的名词越多越好,甚至连动词都是累赘。假如你将已完成的一首诗蒙上一块魔布,这张魔布能除去所有的形容词和动词,那么,揭开这块魔布时,纸上就只剩下密密麻麻的名词了。

如今,布罗茨基因为获得了1987年的诺贝尔文学奖而具有了世界性的声誉。但是,在20世纪60年代,他对诗歌写作的热狂曾被判定为游手好闲的小流氓行径,并因此而被判劳动教养和流放。布罗茨基的父亲是一名摄影师,母亲是市政府下属的一个机构的办事员。布罗茨基在少年时代便表现出了倔犟的个性,十五岁时便作为一名八年级的学生自动退学,进入一家工厂当铣工。此后,他干过十多种工作,司炉、搬运工、实验室的杂工、地质勘察队员,等等。工作之余,布罗茨基爱上了诗歌,后来与莱因等人的交往,更加坚定了他关于诗歌的信念。

1964年2月,布罗茨基在列宁格勒的一个区民事法庭受到审讯。负责审讯的法官责问他:"您为什么不工作?"布罗茨基回答:"我的工作就是写诗。"法官又问:"您大致的专业是什么?"他继续回答:"诗人。诗人兼翻译家。"对此,法官再一次责问:"谁承认您是诗人的?谁把您列为诗人了?"布罗茨基诚实地回答并反诘道:"没有人。那谁把我列为人类了？"正如人的存在无须证明、无须被他人认可一样，布罗茨基坚信自己是一名诗人，写诗是自己的固定工作，天才和勤奋给了他这份自信，因此，他声称："我写诗，这就是我的工作。……我坚信，我所写的东西能为人们服务，而且不光是对现在，还有益于将来的一代人"，而"共产主义的建设，这不仅仅是在一架机床和一具耕犁旁站立的姿势。它还是知识分子的劳动"。可是，审讯的结果出人意料，布罗茨基竟然因写诗而以"不劳而获"的"寄生虫"罪被判处五年流放，流放地则是位于苏联北方的阿尔汉格尔斯克州。

这个判决是严厉而荒唐的，它严重混淆了劳动的基本内涵和分类，无视知识分子的职业特性及其劳动自由，把工作粗暴地理解为单纯的体力劳动，不可否认，其中隐含着对人类的智力和知识的轻慢。精神创造的渴求在这里受到了无情的打击。对一个初露头角的诗人来说，它尤其显得残酷。为此，阿赫玛托娃曾发出这样的感慨："他们给这个红头发的小伙子制造了怎样的一份传记啊！这经历他似乎是从什么人那里租用来的。"在人类文明高度发达的 20 世纪，布罗茨基再一次承担了普希金、莱蒙托夫、陀思妥耶夫斯基等前辈在 19 世纪曾经背负过的命运。

"布罗茨基事件"在当时的苏联引起了很大的震动，文化界的许多著名人士纷纷为布罗茨基鸣不平，进而不顾个人的安危，投入到营救工作中去。他们集体向当局递交了一份请愿书，在上面签名的有阿赫玛托娃、肖斯塔科维奇、马尔夏克、帕乌斯托夫斯基、楚科夫斯基、格拉宁等。他们的努力部分地起了作用,并影响了当局的最后裁决。布罗茨基于1965年11月提前结束刑期,回到了列宁格勒。俄罗斯知识分子的良知在"布罗茨基案件"中再一次得到了传统性的体现。

从流放地回来以后,布罗茨基并没有放弃诗歌写作,相反,还成了当时列宁格勒地下文学的骨干。因此,他经常会受到警察的盘问和跟踪。1972年6月,当局正式将他列入"不受欢迎的人士"行列,通知他离开苏联。从此,他走上了一条流亡的"不归"路,直到去世都未能再踏上祖国的土地。

据说,在1964年那场庭审结束时,布罗茨基曾高傲地说道:"我不但不是一个不劳而获的人,反而是一位能为我的祖国增添光彩的诗人。"当时,旁听的很多人对他发出了"嘘声",并哄堂大笑。但历史证实了诗人的预言性宣称:在20世纪的诗歌史上,布罗茨基以他的美学经验及其独特的个性与风格,为俄罗斯和俄语赢得了举世瞩目的荣誉,值得他的祖国为这个声称"小于一"、实际"大于一"的存在而骄傲。

对于阿赫玛托娃,布罗茨基一直奉为自己诗歌的榜样。1982年,他用英文写作了《哀泣的缪斯》一文,文章标题借用了茨维塔耶娃的诗句,全面地评述了阿赫玛托娃的创作,肯定了她创作中的悲剧性和"崇高与节制"的写作风格。若干年后,他又献上了一首出色的诗歌《阿赫玛托娃百年祭》:

> 伟大的灵魂,跨越海洋向你鞠上一躬,
> 为了你找到那些词语,——向你,
> 也向故土易朽的那一部分,是你

让聋哑的宇宙拥有了听说的能力。

阿纳托里·奈曼是一名工程师的儿子，担任过阿赫玛托娃的文学秘书。布罗茨基被捕以后，阿赫玛托娃非常焦虑，担心同样的遭遇会落在奈曼的头上。因此，当有人邀请她翻译意大利诗人莱奥帕尔迪的诗歌时，尽管她十分清楚，专注地投入一项翻译工作将消耗自己相当大的创作能量，还是一口答应了下来，但提出了一个先决条件，就是必须让奈曼成为她的合作者，希望以此来保护这个天赋很高的年轻人。后来，当译作发表时，她还密切地关注奈曼的名字是否被遗漏。阿赫玛托娃本人长期处在官方的排斥和剥夺之中，晚年，她迫切地希望能凭借自己的力量给人一点帮助，以避免类似的经历重复出现在新人身上。对此，奈曼一直心存感激。1974年，在巴黎出版的《悼念阿赫玛托娃》文集中刊登有他的七首献诗，他出版过多部诗集，他的作品注重人与人之间的精神体验及其关系。奈曼最富盛名的作品是《关于安娜·阿赫玛托娃纪事》，他根据自己与晚年阿赫玛托娃的交往写成了这部纪实性的作品，大量的第一手资料、清醒的批评意识和敏锐的洞察力，使它成为人们理解阿赫玛托娃形象的最重要的参考书之一。关于此书，布罗茨基曾给予高度评价，他认为："这是一本诗人写诗人的书，他（奈曼）是一个擅于领悟诗歌高于传记的人。"

在这四人中，博贝舍夫是得到阿赫玛托娃的关注相对较少的一位。他出生于马里乌波尔市，在列宁格勒长大，父亲死于卫国战争的围困时期。博贝舍夫大学毕业后获得了工程师的证书，曾在一家化工设备厂工作了几年。他于1979年移居美国，1983年加入美国国籍，此后在伊利诺大学教授俄罗斯文学。博贝舍夫有大量的作品在俄罗斯本土和境外的杂志上发表。出版有诗集《大窟窿》《三韵句诗歌及其他》《圣安东尼的野兽》等。

  1963年，阿赫玛托娃修订完成了一生中最重要的作品《没有主人公的叙事诗》。她把打字稿交给了正在负责编选自己诗选的日尔蒙斯基。长诗在塔什干就已完成了初稿，以后，阿赫玛托娃又陆续进行了修改、补充和重写，逐渐形成了目前我们见到的这个版本。就长诗的篇幅和复杂性而言，它几乎称得上是阿赫玛托娃全部创作的题材、意象和写作技法的一个集大成的综合体。

  《没有主人公的叙事诗》的主题是时间，它由三个部分组成，第一部分是《一九一三年》，副题为《彼得堡的故事》；第二部分是《硬币背面》；第三部分是《尾声》。在正文之前分别有三个献辞，第一献辞注上的是曼杰什坦姆去世的日期，但其内容则主要与克尼亚泽夫有关，在这一节里响起了肖邦的哀乐，给整个作品定下了一个悲剧性的基调；第二献辞则题献给阿赫玛托娃青年时代的女友苏杰伊金娜，在长诗的正文中，她以"布塔尼察（意为迷途女人）·普绪刻"的面目出现，作为时代和在时代中迷茫地生活的人们的象征；第三献辞引用了茹科夫斯基的长诗《斯维特兰娜》中诗句，以巴赫的恰空舞曲开始，预言了20世纪人为的毁灭性灾难。

阿赫玛托娃在长诗的《序曲》中写道：

> 我来自一九四〇年，
> 　仿佛从塔楼上俯瞰一切。
> 　　仿佛是再度告别
> 　　　那些早已告别了的事物，
> 　　　　仿佛再度接受了洗礼，
> 　　　　　走进黑黢黢的穹顶。

诗末注明的日期和地点是"一九四一年八月二十五日，被围困中的列宁格勒"。它点明了整个长诗其实是一个追忆性的叙述框架。我们知道，在早期的抒情诗中，阿赫玛托娃较多地以身在其中的抒情主人公出现，一般与抒情对象在时间距离上拉开得不算太远，但这次却不同了，诗人自觉地以一个见证人兼审判者的身份出现，用冷静、理性和严厉的眼光打量着消逝了的和正在消逝的时间。正是这种特殊的视角，使阿赫玛托娃以更克制的口吻（有时似乎是冷酷地）叙述着人类因放纵、愚昧和疯狂造成的悲剧。

《一九一三年》是全诗篇幅最大的部分，同时也是作者最为关注、份量最重的部分。阿赫玛托娃在自己的札记里曾经表示，1914年是非历法意义上的、真正的20世纪的开始。循此看法，1913年便是19世纪的最后一年，阿赫玛托娃在这部长诗中特别拈出这个年份，其用意就在于把它设置为一个潜伏性的末日，由此反映那种毁灭性的预感：

> 正如未来成熟于消逝的过去,
> 　　过去也在未来中逐渐腐烂——
> 　　　　这就是一片枯叶恐怖的节日。

　　长诗的楔子是诗人在等待一个来自未来世界的客人,但不期而至的却是一群1913年的幽灵。它们戴着面具参加一个化装舞会,这群幽灵进入大厅后便开始了狂欢,有的扮演浮士德,有的扮演唐璜,有的扮演圣约翰,还有的扮演卑微的杀人犯,所有人都像众星捧月似的向躺在床上的女主角大献殷勤。可是,在狂欢节的背后,却笼罩着一道死亡的阴影。自杀者克尼亚泽夫在这里成为了一个象征,阿赫玛托娃抽出了他失恋的痛苦,填充了更为深刻的时代内涵,那种因看不到个人和民族出路的人的无意义感。

> 多少次,死亡逼近了诗人,
> 愚蠢的男孩:他竟然选择了这一个,——
> 他承受不了最初的几次委屈,
> 他根本不知道,自己站在
> 怎样的门槛上,他的面前出现的
> 是怎样的道路的景象……

　　显然,阿赫玛托娃叹息的不仅是克尼亚泽夫的死亡,而且还包含了对他因轻生而放弃其应该承担的使命的责备。确实,自1914年到1941年,战争、饥饿、枪杀、监禁、流放,强制性的沉默，乃至沉默的不可能，凡此种种，哪一项都比克尼亚泽夫所受的挫折更沉重。显然，阿赫玛托娃在这里的主要题旨是指责苏杰伊金娜的轻佻、勃洛克的骄傲和克尼亚泽夫的脆弱，但是，她尖锐的审判也没有给自己以"豁免权"，因为，"普绪刻"也是当时的她的一个"复本"。

第二部分《硬币背面》摘引了普希金的诗句"我饮用了忘川之水，忘掉了医生不准忧愁的嘱咐"和艾略特的诗句"我的结局存在于我的开始"。它们作为理解的钥匙向我们提示，肉体的生存可能需要付出精神的代价，以及遗忘在实际操作上的困难。因为，历史是切不断的，今天的果与昨日的花密切相关。这样，她就由个人的命运引出了人类的历史和其他人的命运，从而在叙事的开篇和后面的"尾声"之间插入了一个"幕间曲"，如同天使们的合唱，构成了整部长诗由梦幻、回忆到现实的自然过渡。

> 然而，我承认，我灌注了
> 需要显影的密写墨水……
> 我用反光镜式的语言写作，
> 没有其他的道路可选择，——
> 我找到它可算是奇迹，
> 决不会匆忙地将它扔弃。
>
> 过去时代的那位使者，
> 来自秘境的艾尔·戈列柯，

一句话都无须向我解释,
只要一个夏日的微笑就成,
我曾是他的禁区,
超过了七重致命的罪孽。

而那个来自未来时代的人,
一个无人知晓的陌生人,
就让他勇敢地张(睁?)大了眼睛,
为的是给我,这远飞的影子
送来一捧湿漉漉的丁香,
在这个雷雨大作的时辰。

如果说在 19 世纪,个人对命运的反抗还有一定的可能,并且具有理想主义的色彩,在"真正的二十世纪",它们就显出了内在的虚妄。在长诗的第三部分《尾声》中,个人的形象让位于列宁格勒(或者说彼得堡),一座彼得和普希金的城市,一座负载着力量和美的城市。在诗歌的正文之前,阿赫玛托娃写下了一个片断式的"小引":

一九四二年六月二十四日白夜。城市在一片废墟中。从港湾到斯莫尔尼宫望去清晰如同近在掌心。某些地方经久未熄的大火正在燃尽。在舍列梅捷耶夫花园里,菩提树开着鲜花,夜莺正在歌唱。三层楼上一扇窗户(正对着一棵老槭树)的玻璃被击碎了,自外向里望去露出了一个漆黑的空洞。喀琅施塔特那个方向传来了大炮的轰隆声。但是，在总体上却很安静。

然后，阿赫玛托娃将笔锋一转，"在七千公里以外的作者开始说话"：

> 就这样，在喷泉屋的屋顶下，
> 黄昏的慵懒在那里徘徊，
> 伴随着路灯和一串钥匙，——
> 我呼应着遥远的回声，
> 用不合时宜的朗笑
> 惊扰事物不醒的睡梦，
> 那不分黎明与黄昏，
> 一直守望着房间的老槭树，
> 作为世间一切的见证，
> 仿佛预感到我们的别离，
> 向我伸出一只枯干的黑手，
> 好像是在乞求什么救助。

战争使人们流离失所，疏散到了遥远的西伯利亚、塔什干和更为遥远的亚洲、美洲。但是，阿赫玛托娃觉得，这种分离仅仅是地理意义上的，在她和她的彼得堡同胞的内心深处，一直都没有和那座城市真正脱离过：

> 我们的分离只是一种臆想,
> 我和你不可分割,
> 我的影子镌刻在你的墙上,
> 倒映在你的运河里
> 艾尔米塔什宫中有我的脚步声,
> 我的朋友曾和我在那里漫步,
> 在古老的沃尔科夫原野上,
> 我可以在那里放声痛哭,
> 祭祷兄弟们的坟墓的静默。

长诗最后以这样的诗句结尾:

> 俄罗斯萦绕着死亡的恐惧,
> 也明白复仇的日期,
> 它垂下一双干枯的眼睛,
> 紧闭嘴唇,在我面前,
> 从一切已化作灰烬的地方
> 朝着东方走去。

阿赫玛托娃在《没有主人公的叙事诗》的结尾时对开篇进行了绾合与呼应,把悲剧的气氛推到了高潮。但是,同样作为悲剧的精神主体,其氛围呈现了本质上的差异,《一九一三年》的悲剧带有浓烈的颓废主义色彩,无论是幽灵们,还是抒情主人公本身,都置身在一种罪孽和放纵的幻觉中;而《尾声》中的城市以及支撑城市的人民和祖国,更明显地散发着某种英雄主义的气息。在阿赫玛托娃的心目中,世界经受了死亡的考验,它并没有屈服,它的定向标依然指向了人性和良知:一个充盈着东方精神的俄罗斯正在崛起。

尾声：融入"自己的尘土"

阿赫玛托娃认为：

> 不可能给诗人添加什么东西，同时也不可能剥夺诗人的什么东西，曾经想这样剥夺我什么东西……而且动用了整个国家机器。可是，什么也没有被剥夺掉。

她坎坷的一生确实证明了这一点。

不过，历史总是愿意跟人类开一下玩笑，它习惯于把荣誉和晚年同时赐予某个人。如今，在全世界范围内，大大小小的文学奖项可以说无以计数。实际上，我们透过纷繁的现象可以知道，许多文学奖项的设立，与其说是奖励一个人的终生成就，在更大程度上，还不如说是为了证明它的权威性。20世纪最为著名的颁奖机构——诺贝尔文学奖就是一个最典型的例子。它的评委们试图实现设立者鼓励文学创作的初衷，但在实际操作上，仍然摆脱不了自我证明的陷阱。平心而论，诺贝尔奖的评委们基本做到了自以为的公正，但视野的局限、审美的偏爱，以及名额的有限，时常让他们感到窘迫，致使他们一再地对错失者感到歉意。在对待20世纪俄罗斯的诗人和作家时，评委们在艺术见解或美学趣味上的敏锐与迟钝恰好是五五开。一方面，他们极其明智地把一百万左右美元的巨额奖金如数交到了布宁、肖洛霍夫、帕斯捷尔纳克、索尔仁尼琴和布罗茨基等杰出的文学人物的手里；另一方面，他们同样错过了托尔斯泰、契诃夫、高尔基、勃洛克、曼杰什坦姆、阿赫玛托娃、茨维塔耶娃等巨擘式的大师。后面这种情形着实有些遗憾，但感觉遗憾的实际上并不是这几位作家，而是掌握着巨额奖金的诺贝尔奖评选机构，因为，它丧失了多次可以证明其权威性的机会。

相比之下，在名目繁多的文学奖项中，有一个奖项则因受奖者而增加了它的含金量，那就是"埃特纳-陶尔明诺"国际文学大奖。1964年，意大利政府决定，将该年度的这项大奖授予阿赫玛托娃，以表彰她在诗歌上所作出的杰出贡献。青年时代，阿赫玛托娃曾多次去过意大利，对那里的建筑、雕塑和绘画留下了深刻的印象；人到中年时，她曾反复研读但丁的《神曲》，为他对于世界的洞察力而叹服，为他关于地狱和炼狱的想象力而倾倒。这些都让她对这个南欧国家抱有极度的好感。因此,在获知这一消息后,她并不掩饰自己的喜悦之情,马上答应到意大利的西西里岛去接受这个文学奖。

12月12日,阿赫玛托娃在伊琳娜的陪同下,来到了西西里岛。授奖仪式非常隆重,意大利的旅游部长到会表示祝贺,阿赫玛托娃朗诵了一首早期的作品《缪斯》,向她曾经私淑的导师但丁,向美丽的意大利,更向诗歌女神缪斯表示了由衷的敬意。当晚,意大利电视台转播了整个授奖的过程,各地报纸也纷纷作了报道。

从意大利回国后没过多久,她又得到通知,英国牛津大学宣布授予阿赫玛托娃名誉文学博士学位。这意味着,1965年6月,她又得开始一次英伦之旅。遵照医生的提醒,阿赫玛托娃放弃了乘坐飞机的打算,决定在安妮雅的陪同下乘坐火车和轮船。这次活动又折磨得她够呛,以至于她在其后开玩笑地说道,整个过程就像是一次从莫斯科出发途经牛津再奔赴柯马罗沃的长途旅行。

在伦敦,阿赫玛托娃见到了阔别将近二十年的以赛亚·伯林。老朋友相见,自然格外亲切。在一阵问候和叙旧之后,阿赫玛托娃便问他,这次到牛津之行是否有他在其中推波助澜?对此,伯林矢口否认。在这次谈话中,他们的话题还涉及了马雅可夫斯基。在她的眼里,马雅可夫斯基是一个了不起的天才,不过,与常人认可的不一样的是,他的天才表现在他是一个伟大的文字革新者、恐怖主义者,用自己的炸弹轰塌了旧有的结构,而这样的破坏是有益的。概而言之,马雅可夫斯基是一个气质胜过才华的人物。至于诗人的那些后来的所谓追随者和模仿者,阿赫玛托娃认为他们是"土匪"、"妓女"和"公共趣味的剥削者",只会学习他天才的姿态,朗诵那些全无光彩可言的平庸诗作。

令阿赫玛托娃更感到意外的是,她在十月革命前的恋人安列普也仍然健在。不过,虽说他到阿赫玛托娃下榻的宾馆来过几次,却因遇到约见的客人太多,便悄然离去。直到阿赫玛托娃离开英国在巴黎逗留期间,安列普才赶去见上一面,可惜,这次见面反而破坏了各自在青年时代所保留的对对方的美好印象。

在先后接受了这两份荣誉以后,阿赫玛托娃作为"半个世纪文学活动的见证人"接受了多家媒体的采访。她利用这些机会为那些因特殊原因而被埋没或正在被埋没的同时代人和年轻人讲上几句公道话,其中包括阿尔谢尼·塔尔科夫斯基。阿·塔尔科夫斯基是著名导演安德烈·塔尔科夫斯基的父亲,早在1946年,他便与阿赫玛托娃相识并相互引为诗歌上的知音。但也因此受阿赫玛托娃的牵连,他的一部正在付印中的诗集被捣成了纸浆。直到1962年,也就是在他五十五岁上,塔尔科夫斯基才"大器晚成",出版了第一部诗集《降雪之前》。现在,他已被公认为20世纪俄罗斯最重要的诗人之一。

就风格而论,塔尔科夫斯基的诗歌属于以丘特切夫、巴拉廷斯基、安年斯基为代表的抒情哲理诗的传统,关于自然与人生的思索构成了他艺术世界的重要元素。在这方面,塔尔科夫斯基的思考极富启迪性,与很多诗人对"彼岸性"的追求不同，他认为，"只要我还没死，我便是不朽"。人必有一死，任何人都无法在肉体的消亡以后还能保有鲜活的灵魂。体认到这一囿限，诗人并不企求生命以外的不朽，"我是人，我不需要什么不朽，非人间的命运是可怖的"。但是，人又是追求意义的动物，塔尔科夫斯基用他的诗歌告诉我们，意义之所以有意义，就是在生命的过程以内。事实上，没有了生命，不朽也并不存在；许诺一个人在生命以外可以获得不朽和永恒，只是一个虚妄的谎言。

正如阿赫玛托娃自己清醒地意识到的那样，这两份"迟来的荣誉"其实十分"危险"，它们把已届高龄的诗人弄得疲于奔命，严重影响了她的身体健康。在避开了诸多世俗的喧嚣以后，阿赫玛托娃在柯马罗沃度过了一个夏天，即便如此，她也已感到自己体力不支。秋天，她接受朋友们的劝告，来到莫斯科。在那里，她的心脏病发作，被送进医院，一直待到1966年的2月底。随后，阿赫玛托娃在阿尔多夫的女儿尼娜的陪同下，来到莫斯科郊外的一所疗养院休养。

3月5日清晨，阿赫玛托娃因心肌梗塞突然去世。具有讽刺意味的是，这一天恰好也是斯大林的忌日。当天晚上，莫斯科的广播电台播发了一个简短的消息："著名的苏联女诗人安娜·安德烈耶夫娜·阿赫玛托娃今天早晨在莫斯科逝世，享年七十七岁。"

3月10日，按照阿赫玛托娃的遗愿，遗体告别仪式在列宁格勒的尼科尔斯基大教堂内举行。阿赫玛托娃躺在敞开的灵柩里，身上穿着生前爱穿的黑色锦缎的连衣裙，头上戴着

○ 尾声：融入"自己的尘土"

老式花边的黑头巾。灵柩旁边是两座枝形烛台，上面各插五枝蜡烛。右边站着她的独生子列夫，他的头发几乎已经全白了，头低垂着，腮边还留有泪痕。人群密密麻麻地围着灵柩。这一天，除了阿赫玛托娃的生前好友，还来了相当一部分年轻人，他们都是她的崇拜者，热情的诗歌爱好者，其中不少人是怀着感恩的心情来谒见她最初一面或最后一面。仪式完成后，人们护送着她的灵柩来到了柯马罗沃公墓。在这里，诗人米哈尔科夫、塔尔科夫斯基等人又自发地进行了一次民间性的追悼活动，最后，批评家马科戈年科致悼词。

葬礼结束的时候，在场的所有人小心翼翼地铲上一锹土，再铲上一锹土，堆向灵柩，然后在盖好的坟墓上撒满鲜花。1961年，阿赫玛托娃在病中曾写下一首题为《故土》的诗，她在诗中吟诵道：

> 我们没有将它放进珍贵的香囊挂在胸口，
> 我们也不曾泣不成声地为它书写诗篇，
> 它也不曾触及我们痛苦的梦魇的创痛，
> 它也不像是上帝许诺的天国乐土，
> 在我们的心中，也从来不曾
> 把它当成可以买卖的商品。
> 我们在它上面默默地受罪、遭难，
> 我们甚至从来没有想起它的存在。
> 　　是的，这是我们套鞋上的灰尘，
> 　　是的，这是在我们齿间咯吱的沙粒。

> 我们磨蚀它、搅拌它,碾成粉末,
> 那无法与其他东西混和的尘土。
> 可是,直到我们躺入其中,与它融为一体,
> 由此,我们才可以从容地宣称:"自己的尘土。"

这首诗似乎是她为自己写下的墓志铭。在柯马罗沃,阿赫玛托娃走完了人生的最后一站,躺进了她终生热爱的"故土",从容地与它融为了一体。

阿赫玛托娃巨大的文学成就真正获得俄罗斯这个国家的承认是在 1989 年。这一年被联合国教科文组织命名为"阿赫玛托娃年",因此,不仅那些讲俄语的人们在怀念她,全世界人们都在纪念这位文化名人。

阿赫玛托娃年谱

1889 年

6 月 23 日（俄历 6 月 11 日），出生于敖德萨近郊大喷泉，取名安娜·安德烈耶夫娜·戈连柯。父亲安德烈·安东诺维奇·戈连柯是一名海军工程师，有希腊血统。母亲茵娜·埃拉兹莫夫娜是鞑靼人的后裔，外曾祖母普拉斯科维亚·费多谢夫娜·阿赫玛托娃出身于辛比尔斯克的阿赫玛托夫家族，这一家族的祖先便是金帐汗国的阿赫玛特大汗，其家庭渊源可以推溯到成吉思汗或帖木儿。

1890 年

随父母迁移到北方，在巴甫洛夫斯克作了短暂的居留，随后，全家迁移到了著名的皇村。

1903 年

圣诞节前夕,经由女友瓦列丽娅介绍,结识尼古拉·斯捷潘诺维奇·古米廖夫。

1906 年

在巴黎的一份俄语文学杂志《天狼星》上,发表处女作《他手上戴着多枚闪亮的戒指》,署名为 А.Г.С.。

1907 年

秋天,考入基辅女子学院法律系。

1910 年

5 月 7 日(俄历 4 月 25 日),在第聂伯河畔的尼古尔村的一座教堂里,与古米廖夫举行婚礼。婚后不久,阿赫玛托娃夫妇去巴黎和意大利北部旅行。在巴黎逗留期间,结识莫迪利阿尼。

1911 年

参与古米廖夫和戈罗杰茨基为首的"诗人车间"举办的各类活动,成为阿克梅主义理论的重要实践者。12 月 31 日,"野狗"俱乐部酒吧正式营业。

1912 年

第一部诗集《黄昏》出版,米·库兹明为之作序,得到著名诗人勃柳索夫、戈罗杰茨基、丘尔科夫等的好评。10 月 1 日,儿子列夫出生。

1913 年

3 月 29 日,诗人克尼亚泽夫自杀。《阿波罗》杂志上刊登古米廖夫的文章《象征主义的遗产与阿克梅主义》和戈罗杰茨基的文章《俄罗斯现代诗歌中的几种流派》，对象征主义诗学进行质疑和抨击，正式提出阿克梅主义理论。

1914年

3月，第二部诗集《念珠》出版。6月28日，奥匈帝国皇储斐迪南在萨拉热窝被刺，成为第一次世界大战的导火线。8月，俄国宣布参战。古米廖夫报名参加志愿军。

1915年

3月，沙俄警察查封"野狗"俱乐部酒吧。

1916年

2月，安列普休假来到皇村，与之发生恋情。春天，古米廖夫晋升为准尉，并由原先的枪骑兵团调到亚历山大骠骑兵团。12月末，拒绝了安列普随他一起去英国的请求，坚持留在祖国。维克多·日尔蒙斯基发表文章《克服象征主义》，细致地分析了阿克梅派诗人的创作。

1917年

与古米廖夫的关系日趋恶化。9月，出版第三部诗集《白色的鸟群》。11月7日（俄历10月25日），布尔什维克领导的十月社会主义革命取得胜利。12月，批评家维戈茨基在《新生活报》上发表文章，首次提出"面向未来"的马雅可夫斯基流派和"缅怀过去"的阿赫玛托娃流派。

1918年

8月5日，与古米廖夫办理离婚手续。12月，嫁给著名的东方学专家希列依科。

1920 年

在农学院图书馆工作。

1921 年

与希列依科正式分居。4 月,第四部诗集《车前草》出版。该年第一期的《艺术之家》杂志发表了科尔涅依·楚科夫斯基的文章《两个俄罗斯》,文章就维戈茨基的观点作了进一步的阐述,认为马雅可夫斯基与阿赫玛托娃的创作各自代表一种倾向,也可以说,他们代表了两个俄罗斯。在他看来,应该综合这两个俄罗斯的特点,重新整合并繁荣当代的俄罗斯诗歌。8 月 7 日,勃洛克因病去世,终年四十一岁。8 月 24 日,古米廖夫被执行枪决,罪名是"反革命阴谋罪"。

1922 年

出版第五部诗集《耶稣纪元,1921 年》,原书名是"Anno Domini MCM X XI"。在读者中间引起了强烈的反响。7 月 4 日,《真理报》发表了评论家奥辛斯基的一篇文章,声称"在勃洛克逝世以后,在俄罗斯诗坛上占据第一把交椅的将是阿赫玛托娃"。批评家艾亨鲍姆出版了一本名为《安娜·阿赫玛托娃》的小册子。他在书中首次提出"不知她是情欲强烈的荡妇,还是一贫如洗到可以求得上帝宽恕的修女"的说法。8 月,与普宁在喷泉屋门口邂逅,两人开始了密切的交往。不久,离开了大理石宫的居处,搬到了普宁在喷泉屋的住所,开始了长达十五年的同居生活。

1923 年

拉普理论家列列维奇在《在岗位上》杂志发表题为《安

娜·阿赫玛托娃》的文章，认为她的创作"充满了消沉的情绪"。亚历山德拉·柯伦泰在回答《青年近卫军》杂志上的读者来信时，则从女性主义视角肯定了阿赫玛托娃的创作。

1924年

因彼得格勒出版社准备出版一套阿赫玛托娃的两卷集，与巴·卢克尼茨基相识。在莫斯科还举办她个人的诗歌朗诵会，就在会议的开幕式上，批评家列昂尼德·格罗斯曼认为她是俄罗斯最优秀的女诗人，堪与古希腊的萨福相媲美。但据说，某位大人物参加了当晚的朗诵会，表示不喜欢她的作品，从而不仅使计划中的诗集出版流产，而且也导致了各大杂志不敢再刊登其作品。开始普希金研究。

1928年

与希列依科正式办理离婚手续。

1929年

苏联出版的《文学百科全书》依然保留了"阿赫玛托娃"的条目，但被描述成"既没获得资本主义社会的新职位，却已丢失了封建社会的旧职位的贵族女诗人"。

1935年

10月，普宁和她的儿子列夫同时被捕。

1938年

3月10日，列夫又一次遭到逮捕。在探监的队列中，萌发《安魂曲》的写作构思。12月，曼杰什坦姆病死于符拉迪沃斯托克的二道子沟劳改农场。

○ 阿赫玛托娃年谱

1940 年

春天,在莫斯科的阿尔多夫家会见茨维塔耶娃。初夏,诗选《选自六部诗集》出版,但至年底又被密令销毁。

1941 年

6月22日,希特勒撕毁了《苏德互不侵犯条约》,对苏联发动了突然袭击,苏联卫国战争爆发。8月31日,茨维塔耶娃在叶拉堡市自缢身亡。10月,疏散到乌兹别克的首府塔什干。开始撰写《没有主人公的叙事诗》。

1943 年

在塔什干出版了一部《诗选》。《诗选》由评论家泽林斯基撰写序言。

1944 年

5月31日,重返列宁格勒。

1945 年

5月8日,苏联军队攻克柏林。11月,会见以赛亚·伯林。

1946 年

8月14日,苏共中央作出了一项重要决议《关于〈星〉和〈列宁格勒〉杂志》。该《决议》严厉批评了《星》和《列宁格勒》杂志,认为他们不恰当地为作家左琴科和诗人阿赫玛托娃那些在意识形态上既缺乏思想性又具有很大的危害性的作品提供了版面。《决议》写道:"阿赫玛托娃是与我国人民背道而驰的、内容空洞、缺乏思想性的典型代表。她的诗歌充满悲观情绪和颓废心理,表现出过时的沙龙诗歌的风格,停留在资产阶级—贵族阶级唯美主义和颓废主义以及'为艺术而艺术'这一理论的立场上，不愿与本国人民步调一致，对我国的青年教育事业造成危害，因而不能为苏联文学界所容忍。"9月4日，苏联作家协会理事会主席团作出决定：解除吉洪诺夫的苏联作家协会主席的职务，改组《星》杂志的编委会，勒令《列宁格勒》杂志停刊，开除左琴科和阿赫玛托娃两人的苏联作家协会会籍，停止刊登他们的作品。再一次被剥夺了发表诗歌的权利。为了生活，开始诗歌翻译活动。

1954年

12月16日，应邀出席苏联作家协会第二次全国作家代表大会。

1955年

在列宁格勒的远郊柯马罗沃分到了一个小别墅。

1962年

在柯马罗沃会见美国诗人罗伯特·弗罗斯特。

1963年

修订完成了《没有主人公的叙事诗》。

1964年

诗人布罗茨基因写诗而以"不劳而获"的"寄生虫"罪被判处五年流放。12月12日，在伊琳娜的陪同下，来到了西西里岛接受意大利政府颁发的"埃特纳—陶尔明纳"国际文学大奖。

1965年

6月，英国牛津大学授予阿赫玛托娃名誉文学博士学位。出版诗集《时间的奔跑》。

1966 年

3月5日清晨,阿赫玛托娃因心肌梗塞突然去世。3月10日,在列宁格勒的尼科尔斯基大教堂内举行遗体告别仪式,随后,安葬于柯马罗沃公墓。

主要参考书目

俄文版：

1. Сост. М. Мейлах: *Стихотворения Анны Ахматовой*, Адиб, 1990.
2. Анна Ахматова: *Избранное*, Респекс, Санкт-Петербург, 1997.
3. Анна Ахматова: *Собрание сочинений в шести томах*, Эллис Лак, 1999-2002.
4. В. Виленкин: *В сто первом зеркале*, Советский Писатель, 1987.
5. Д. Хренков: *Анна Ахматова в Петербурге-Петрограде-Ленинграде*, Лениздат, 1989.

6. Сост. М. Кралин: *Об Анне Ахматовой*, Лениздат, 1990.
7. Сост. В. Виленкин и В. Черных: *Воспоминания об Анне Ахматовой*, Советский Писатель, 1991.
8. П. Лукницкий: *Встречи с Анне Ахматовой*, Том I, YMCA, 1991.
9. П. Лукницкий: *Встречи с Анне Ахматовой*, Том II, YMCA, 1997.
10. А. Павловский: *Анна Ахматова: Очерк Творчество*, Лениздат, 1989.
11. А. Павловский: *Анна Ахматова: Жизнь и Творчество*, Просвещение, 1991.
12. Л. Чуковская: *Записки Об Анне Ахматовой*, Том I, Том II, Нева, Санкт-Петербург, 1996.
13. Сост. А. Петров: *Анна Ахматова и Николай Гумилев*, Современный лителатор, 1998.
14. А. Найман: *Рассказы о Анне Ахматовой*, Вагриус, 1999.

中文版：

1. 《苏联三女诗人诗选》，陈耀球译，湖南人民出版社 1985 年版。
2. 《阿赫玛托娃诗选》，王守仁、黎华译，漓江出版社 1987 年版。
3. 《阿赫玛托娃诗文集》，马海甸、徐振亚译，安徽文艺出版社 1999 年版。
4. 【俄】格·伊万诺夫：《彼得堡的冬天——格·伊万诺夫回忆录》，贝立文、章昌云译，学林出版社 1999 年版。
5. 【俄】霍达谢维奇：《大墓地——霍达谢维奇回忆录》，袁晓芳、朱霄鹂译，学林出版社 1999 年版。
6. 【英】阿曼达·海特：《阿赫玛托娃传》，蒋勇敏、朱霄鹂、袁晓芳译，东方出版中心 1999 年版。
7. 【俄】阿·帕甫洛夫斯基：《安·阿赫玛托娃传》，守魁、辛冰译，四川人民出版社 2000 年版。
8. 《回忆与诗——阿赫玛托娃散文选》，马海甸译，花城出版社 2001 年版。
9. 辛守魁：《阿赫玛托娃》，四川人民出版社 2001 年版。
10. 【俄】莉季娅·丘科夫斯卡娅：《阿赫玛托娃札记》，张冰、吴晓都等译，华夏出版社 2001 年版。
11. 【加拿大】伊格纳季耶夫：《伯林传》，罗妍莉译，译林出版社 2001 年版。
12. 【俄】阿纳托利·耐曼：《哀泣的缪斯：安娜·阿赫玛托娃纪事》，夏忠宪、唐逸红译，华文出版社 2002 年版。